「初対面の人との話が盛り上がらない」
「会話中、気づくと自分の話ばかりしている」
「話し相手を楽しませる自信がない」
「3人以上の会話になると、とたんに無口になる」
「気を遣って相手に言いたいことが言えない」

「上司・部下との接し方がわからない」

「すぐに仕事場に馴染む人がうらやましい」

「他人どころか家族との会話にも悩んでいる」

「そもそも人に興味が持てない」

こんな思いを持っている人に贈ります。

はじめに

「コミュニケーションが苦手」は単なる誤解です

「あなたは人とのコミュニケーションが得意なほうですか？」

僕は出会った人によくこの質問をします。

その中で「はい、私は人とのコミュニケーションが大の得意です」、そう答える人はほぼいません。僕が長年身を置いている芸能界でも、そう答える人は多くはありません。

それくらい多くの人たちが「自分はコミュニケーションが苦手だ」と思い込んで生きています。

なぜ、それほど多くの人がそう思っているのでしょうか？

原因は「人と上手に話をしなければいけない。流暢にうまく伝えなきゃいけない。それこそがコミュニケーションだ」という固定観念です。この思い込みが「自分はコミュ力（＝コミュニケーション能力）が低い」という自己イメージを植え付けているのです。

しかし、断言します。それは単なる幻想です。

「自分はコミュニケーションが苦手」は単なる誤解だった。

そのことを、あなたに気づいてもらうためにこの本は生まれました。

仕事、パートナーシップ、恋愛、親子、家族、友人、コミュニティ、営業、人付き合い。

人はコミュニケーションで関係性をつくっています。

ということは、コミュ力を高めれば、それだけで簡単に人間関係がうまくいくということになります。

ありがたいことに、僕の周りには、出会った人とすぐ仲良くなり、人を魅了してしまう人がたくさんいます。

一般的に言われる「コミュ力の高い人（＝コミュ力お化け）」です。

僕は人間マニアですし、好奇心が旺盛なので、そうした人たちをずっと観察してきました。

その過程の中で気づいたことがあります。

それは、

「コミュ力の高い人は一切特別なことをやっていない」

ということです。流暢に話すとか、腹がよじれるくらい人を笑わせるとか、そんな特別なことをやっているわけではなく、相手に寄り添い、コミュニケーションにおいて基本となることを徹底的にやっているだけです。

しかし、多くの人がこの「ちょっとしたコツ」に気づいていません。とてももったいないことです。その人たちにコミュニケーションの才能がないのではなく、ただ単に知らないから損をしているだけなのです。

それらはちょっと意識さえすれば、誰にでもできます。口下手な人でも、人見知りな人でも、いまから簡単に実践できることばかりです。

ちょっとしたコツを身につけると、あなたの人間関係は大きく変わるのです。

もうひとつお伝えしたいことがあります。それはこの本は、

「好きな人だけに好かれるための本である」

ということです。

「苦手な人に嫌われずにうまくやっていくための本」ではありません。

なぜか？　それは、人は苦手な人とうまくやっていくのは難しいからです。

たとえ一時的にうまくいったとしても、苦手な人に好かれ、いつも気を遣い

ながら過ごしていくのは時間のロスですし、何よりストレスです。

それよりも、本当に自分の好きな人だけから好かれ、その人たちと幸せに生きていったほうが、人は絶対に幸せになります。

ですからこの本では、あえて「好きな人だけに好かれる」方法に絞ってお伝えしていきます。


よく誤解されがちですが、僕は元来、コミュ力の高い人間ではありませんでした。どちらかといえば人見知りで、クラスの中での存在感でいうと中の下くらいの人間でした。中学生のとき、初めて付き合った子にも「淳くんと話しても面白くないから」という理由で1週間でフラれてしまいました。

そんな自分が芸能界に入り、ここまで長くやってこられたのは、自分自身の芸の力やトーク能力ではなく、誰よりも「コミュ力」にフォーカスしてきたおかげだと思っています。

ということで、この本では芸能人・田村淳ではなく、あなたより先にコミュ力を磨いてきたひとりの人間・田村淳としてお伝えします。たくさん失敗し、その中から学んできた「誰にでもできる簡単なコツ」をお伝えしていきます。

コミュ力を高めると、あなたの毎日が変わります。人に好かれるようになり、仕事やプライベートでも良いことが増えていきます。

そのために大切なことは決して難しくはありません。

「え？　淳さん、こんな簡単なことを書くの？」、ひょっとしたらあなたはそう思うかもしれません。しかしそれが一番大切なことで、多くの人ができていないことなのです。

このちょっとしたコツを身につけて、あなたがコミュ力を高め、その結果、大きな果実が得られることをお祈りして、本書を始めます。

もう一度言います。コミュ力は簡単に手に入ります。

第1章 コミュ力は簡単に手に入る

第2章

初対面や苦手な人に強くなるコツ

第3章

コミュ力こそがあなたを支えてくれる

第4章

人間関係がうまくいくためのコミュ力

第5章 本当に好きな人に好かれるために

STAFF

プロデュース……永松茂久
制作協力……森俊和・鴨下依来・馬場麻子（吉本興業）
池田美智子・山野礁太
編集協力……佐々木笑
特典動画編集……佐々木啓
カバーデザイン……小口翔平・畑中茜（tobufune）
本文デザイン……鈴木大輔・江﨑輝海（ソウルデザイン）
カバー写真……榊智朗
スタイリスト……富田麻美
ヘアメイク……佐々木夢
イラスト・図版……米川恵
校正……ペーパーハウス

第1章

コミュ力は簡単に手に入る

01

コミュ力に「上手に話す力」はいらない

「話す力＝コミュ力」という幻想

まずはじめに、あなたの周りにいる人たちのことを思い出してみてください。

常にその場の中心にいて、みんなを盛り上げる人気者の顔がひとりか2人は浮かぶのではないでしょうか？

そんな人を見て、あなたは「あの人は人を惹きつける天性のコミュ力がある」と感じるかもしれません。

しかし、断言します。

コミュ力は才能ではなく、技術です。

好かれる自分はいまからでもつくれます。

コミュ力について、多くの人がしている誤解があります。

それは「話す力が高い人ほど、コミュ力が高い」という考え方です。

コミュ力とプレゼン力の違いを知る

近年、話し方の講座に通う人が増えていると聞きます。それは「上手に話せないと、人と良いコミュニケーションが取れない」という思い込みを抱えている人が多いことの証明でしょう。もちろんそれも大切なことかもしれません。

しかし、考えてみてください。

人と会話する上で、「上手に話す」ということは、本当にそこまで大切なことなのでしょうか？

多くの人が「話すのが上手な人は？」と聞かれて挙げる存在、例えばアナウンサーで考えてみましょう。

たしかにアナウンサーはプロです。

しかし、アナウンサーは「伝えるプロ」であって、必ずしも「会話のプロ」ではありません。

一方的に伝えるのは、専門的な言葉で「プレゼンテーション」と言います。

これに対して、人と会話をすることが「コミュニケーション」です。

プレゼンテーション＝人前で一方的に情報を伝えること

コミュニケーション＝人と心を通じ合わせること

このように、「伝える」と「話す」は似ているので、ひとまとめにされがちですが、実は大きく違います。プレゼンテーションとコミュニケーションをごちゃごちゃにしてしまうがゆえに、多くの人が自信をなくしてしまっているように感じます。

もう一度、振り返ってみてください。

近所の人気者のおばちゃん、いつも周りに人が集まる友人、会社で上司に可愛がられる人……。

あなたの周りにいる「コミュニケーション能力お化け」たちは、「伝えること」より「相手と心を通じ合わせる」ことのほうが得意なはずです。

つまり、話術を磨きペラペラと流暢に一方的に話す人より、少々話し方は不器用でも、相手の心を掴み、心を動かすことができる人のほうが、会話という視点から見ると「コミュ力が高い」ということになるのです。

このように、「話が上手」は、コミュニケーションにおいて、必ずしも必須アイテムではないということがわかると思います。

相手は気持ちよく話していますか？

さあ、これまでの「話し上手になるべきだ」という長年の思い込みから抜け出すことはできましたか？　このことを理解していただいた上で、まずはじめに、この本で一番伝えたいことを書きます。

本当のコミュ力とは、話す力より聞く力。

聞く力とは、もっと具体的に、そしてもっと声を大にして言えば、

相手に気持ちよく話させる力

のことです。

自分が上手に話すことではなく、相手が「ついこの人といると話しすぎてしまう」、そう思わせる力のことです。

つまり、自分ではなく、相手のことを第一に考えることができるかどうか、それがあなたのコミュ力を決めるのです。

相手に対して気持ちよく質問し、気持ちよくリアクションし、気持ちよく話させ

る、それが超コミュ力。

これがこの本の軸となりますので、まずはここをしっかりと覚えておいてください。

田村淳流
コミュ力を高め
好かれるコツ

01

「相手に気持ちよく話させること」を常に意識する

02

「コミュ力お化け」たちは、なぜお化けになったのか？

印象は簡単に変えられる

僕は「淳さんって『コミュ力お化け』ですね」とよく言われます。ありがたいことです。

僕自身、これまで30年の芸能生活を振り返って「コミュニケーションだけでここまで生きてきた」と言い切ることができます。

同時に僕の周りには、「コミュ力お化け」がたくさん存在します。

しかし、よくよく研究していくと、この人たちは決して特別なことをしているわけではありません。

誰もが簡単にできるはずなのに、多くの人がやっていないことを、ただひたすらやっているだけです。

その徹底ぶりが、その人たちを「コミュ力お化け」たらしめているのです。

簡単なのに、ほとんどの人がやらないこと

多くの人がこれをやらないのには、いくつかの理由があります。


1つ目は、その威力を知らないこと。

2つ目が「恥ずかしい」という照れ。

3つ目が「この行動が大切なんだ！」と真剣に教える人が少ないこと。

そして最後の4つ目が「そんな簡単なことでうまくいくはずがない」という思い込みです。

これらが理由となって、ほとんどの人が行動しません。ですから、コミュニケーションで失敗してしまうのです。そして「自分には話す力が乏しいからコミュ力がない」という間違った思い込みにがんじがらめにされ、やみくもに話し方のスキル本を読み漁ったり、話し方講座を渡り歩く羽目になってしまうのです。

「コミュ力お化け」たちは、こうした人たちをよそ目に見ながら、基本を忠実にこなして、人の心をあっさりと掴みます。

大したことをやっているわけではないのにもかかわらず、「あ、この人はしっかりと自分と向き合ってくれているな」と相手が無意識に感じて、好きになる方法を使っています。

「あ、そんなことなの？」と、おそらく拍子抜けするくらいめちゃくちゃ簡単なことです。しかし、先ほどもお伝えしたように、意外とこれをやっている人は多くありません。

ということは、あなたがこれを身につければ、簡単に周りと差がつくということになります。

「コミュ力お化け」がやっている6つのアクション

「コミュ力お化け」たちが会話の中でやっていることを、まずはポイントでまとめます。

①相手を安心させる笑顔をつくる
②TPOに合わせた表情を使い分ける
③上手にうなずく
④肯定から話を始める
⑤マウントを取らない
⑥相手が話しやすくなる質問をする

いかがでしょうか？　おそらく「そんな簡単なことなの？」と思ったのではないでしょうか？

しかし、この6つを意識して身につけるだけで、あなたは簡単に超コミュ力を手に入れることができ、「コミュ力お化け」に近づくことができます。

ぜひ使ってほしいので、次項から1つずつ具体的にご紹介します。

田村淳流
コミュ力を高め
好かれるコツ

02

「コミュ力は簡単に手に入る」と知る

簡単に超コミュ力が手に入る 6つのアクション

① 相手を安心させる笑顔をつくる

② TPOに合わせた表情を使い分ける

③ 上手にうなずく

④ 肯定から話を始める

⑤ マウントを取らない

⑥ 相手が話しやすくなる質問をする

03
自然な「笑顔」を習慣にする

「怒っているの？」と勘違いされがちな人へ

コミュ力を手に入れるための必須要素、それは笑顔です。

笑顔の人を見て、印象が悪くなる人はいないでしょう。

ただ、照れ屋で感情を顔に表すのが苦手な人が多い日本人の中には、笑っているつもりなのに、「怒っているんですか？」と言われる人がいます。

いかがでしょうか？　あなたも本当は嬉しいのに、「怒っているの？」「悲しいの？」と聞かれてしまったことはありませんか？

もしあなたが相手から「怒っているの？」とよく聞かれるとしたら、そのたびに

「自分は損をしているかもしれない」と思ったほうがいいでしょう。

感情をうまく表に出せない、ただそれだけのことで人より損をしているとしたら、こんなに残念なことはありません。

このタイプの人たちは、「感情」と「表情筋」がリンクしていないのです。簡単に言うと、自然な笑顔ができていないのです。

表情はトレーニングで変えられる

表情で損をしないために、まず表情を訓練しましょう。訓練といっても方法は簡単です。

いったん本を置いて、いますぐ洗面台に行ってください。もしくは机の上に鏡を出して自分の顔を映してみてください。

そして鏡を見ながら、思いっきり口角を上げて30秒間笑顔をキープしてみてください。

ここでもし、30秒経つ前にほっぺたが痛くなる人は、まちがいなく日頃の笑顔不足です。

顔には表情筋というものがあります。字の通り、筋肉です。

そこをふだん使い慣れていないと、すぐに顔が痛くなります。簡単に言えば顔の運動不足なのです。

口角を上げて30秒キープ。

これを練習すればやがて痛くなくなり、何分でも口角を上げ続けることができるようになり、自然な笑顔をつくれるようになります。

そして、ことあるごとに鏡で自分の顔を見て、

「自分の笑顔は人からどう見えるか？」

「相手の話を聞いているときに、どんな表情をしているか？」

など、細かくチェックする習慣をつけるのです。

僕も売れていない下積み時代に、これを毎日繰り返していました。はじめの頃は「自分の感情と表情はここまでリンクしていないのか？」と激しく落ち込んだのを覚えています。

上手な笑顔を身につけるために、家を出るとき、電車の窓に映っている顔を見たとき、出演前の楽屋……さまざまな場所で常に鏡で自分の顔をチェックするようになりました。

いまでもオンライン配信のときは、画面に映らないところに表情チェック用のスマートフォンを準備してインカメラにし、常に自分の表情を確認しながら撮影をしています。

良い表情は継続的な習慣で身につきます。

はじめの頃は、一度自分の笑顔に自信が持てるようになっても、しばらくすると元に戻ってしまう可能性もあるので、意識的な継続訓練が必要です。

最初は嘘の笑顔でも大丈夫。諦めずに、毎日鏡を見ることを習慣にしてください。

田村淳流
コミュ力を高め
好かれるコツ

03

鏡やスマホを使って、笑顔の訓練をする

表情で損をしないために
自然な笑顔を身につけよう

日頃のトレーニングで表情は変えられる

毎日鏡を見て笑顔をつくる習慣をつけよう

04

「表情」は言葉以上にものを言う

笑顔のコントロールをしよう

自然な笑顔ができるようになったなと感じたら、次は各シチュエーションに合わせて、自分の笑顔を調整できることを目指しましょう。

鏡を見ながら、

「自分の１００％の笑顔はどれくらいだろうか？」

「10％は？」「20％は？」

このように笑顔のレベルを調整していくのです。

ＴＰＯに合わせて、自在に笑顔をコントロールできるようになったら、あなたのコミュ力は大きく高まります。

相手の話にふさわしい表情を練習する

人にはいろんなシーンがあります。いくら笑顔が大切だとはいえ、中には絶対に笑ってはいけない場面も存在します。

例えば相手が自分のために本気で説教してくれているのに、ニヤニヤしていたら相手に怒られても仕方ありません。

こんなときに重要になる表情、それは「相手の話にふさわしい真剣なまなざし」です。ここを使い分けることが大切です。例を挙げてみます。

反省しているとき↓唇を噛み締める

相手が真剣に話しているとき↓口を真一文字に結ぶ

納得がいかないとき↓口を尖らせる

驚いたとき↓口を大きく開く

驚いたとき、嬉しいとき↓目を見開く

表情はノンバーバル（非言語）コミュニケーションのひとつで、顔の変化で言葉以上に相手に気持ちを伝えるコミュ力の要素になります。

相手以上に相手の感情に寄り添う

心理学の専門用語でミラーリングという言葉があります。

これは簡単に言うと「相手と同じ表情をする」ということです。

人は無意識のうちに、自分と同じ行動や同じ表情をしてくれる人に安心感を覚え、その相手に好意をいだきます。

「ＴＰＯに合わせる」とはつまり「相手と同じ表情をする」ということです。

そしてこの場合、コミュ力お化けはさらにその上をやります。

それは「相手の感情より上の表情をする」ということです。

相手が喜んでいるときは、さらなる笑顔で。
相手が楽しんでいるときは、自分のほうがさらに楽しんでいる顔で。
相手が悲しんでいるときは、さらに悲しい顔で。
相手が何かに対して怒っているときは、自分はそれ以上に怒っている表情で。

TPOに応じて、言葉と非言語である表情、それぞれの伝達手段を上手に使い分けることができたら、あなたもコミュ力お化けの仲間入りです。

田村淳流
コミュ力を高め
好かれるコツ

04

その場にふさわしい表情のバリエーションを持つ

05
「うなずき」を意識する

人に好かれる最高のアクション

相手の話を聞ける人は好かれます。

コミュ力お化けの最大の武器と言っていいもの、それは「うなずき」です。

これだけで好かれるなら、やって損はありません。

しかし、「自分はコミュニケーションが苦手です」と言う多くの人に限って、「首から背中に鉄パイプが入ってるんですか?」と聞きたくなるくらい、うなずくことをしません。

相手はあなたに素晴らしい話をしてほしいのではありません。ただ、自分の話に共感してほしいのです。

覚えておいてください。うなずく人は愛されます。

テレビやラジオ、ユーチューブの出演で僕が一番意識していること、それがこのうなずきです。これからは、ぜひその視点から僕を見ていただければと思います。

うなずきのポイントは「句読点」

コミュ力お化けが、会話の際に必ず行っているうなずき。

相手の話に、良いタイミングでうなずきを入れるだけで、「この人はしっかりと話を聞いてくれているんだな」と相手に安心感を与えることができるのです。

「そうか、じゃあ、とにかくうなずけばいいんだな」

あなたはそう捉えるかもしれませんが、これはただ首を縦に振ればいいというほど浅いものではありません。

まずはじめに大切なのは、「話の句読点」でうなずくということです。

相手が句読点を入れるタイミングでうなずくことで、テンポを合わせることができ、相手も気持ちよく話せるようになります。

なお、この技術の練習法としては、本を読みながら、句読点に合わせて「うんうん」「なるほど」「そうなんですね」などの合いの手を入れながら読んでみることがおすすめです。

読書は孤独な作業に見えますが、その本質は著者との一対一の会話。周りは誰も見ていないので、練習するのにはぴったりです。

ですからまずは、この本を使ってうなずきの練習をしてみてください。

うなずきに強弱をつけよう

また、うなずきに関しては、それ以外にも重要なことがあります。

それは、うなずきの種類を使い分けるということです。

同じうなずきでも、声を出すうなずきと、声を出さないうなずき、深いうなずきなど、さまざまなバリエーションがあります。

その中でも、特に効果を発揮するのは、深さを意識したうなずきです。

話の中で、「この言葉が相手のキラーワードだな」と感じたら、そこで深くうなずいてください。この相手にとってのキラーワードを見抜けるかどうかが、聞き手にとって最大の腕の見せ所。

うまく合わせることができたら、相手のあなたへの安心度は一気に高まります。

田村淳流
コミュ力を高め
好かれるコツ

05

話を理解し、うなずく習慣を身につける

コミュ力お化け最大の武器
うなずきを使いこなす

話の句読点でうなずく

つまりね〜、
うなずきポイント!
だからこそ〜、
うなずきポイント!
〜だったんだよ。
うなずきポイント!
この人には
調子良く話せるな…

うなずきに強弱をつける

「声を出すうなずき」　「声を出さないうなずき」　「深いうなずき」

うん
それで?

相手がリズムに乗れる　真剣に聞く姿勢が伝わる　納得していることが伝わる

伝えたい印象によって、うなずきに強弱をつけよう

06

超コミュ力を手に入れるための「うなずきのコツ」

うなずきにもバリエーションを

うなずきの達人になるためには、自分だけのうなずきのコンボを見つけなければなりません。コミュ力お化けたちは、意識してさまざまな種類のうなずきを駆使しています。

そもそも声を出すかどうか、首をどのように振るか、どのような表情をするかなど、ノンバーバル（非言語）な部分でも、相手が受け取る影響は変わります。

前項でもお伝えしましたが、例えば、

「声を出す」「声を出さない」、うなずきの角度や回数においても「深くうなずく」「浅くうなずく」「連続でうなずく」

など、さまざまなうなずき方のバリエーションがあります。

最初は浅くうなずき、相手が最も伝えたいキラーワードを口にしたときには、深くうなずくことで、相手の信頼を得られます。

また、一度だけではなく、「ふん、ふん」「ふん、ふん、ふん」など、うなずく回数を変えることも効果的です。そうすることで、「もっとあなたの話を聞きたい」という気持ちを積極的に表現できます。

聞く「姿勢」を意識する

人は真剣に話を聞くとき、無意識に前傾姿勢になります。

ということは、逆にこの動作を意識的にすればいいのです。

相手が見ているのはあなたの心の中ではなく、姿勢です。グッと前かがみになることで、より相手に「興味を持っています」という態度を示すことができます。

このとき大切なポイント、それは「背もたれ」です。イスの背もたれに背中がくっついていると、どうしても相手に生意気さや威圧的な印象を与えてしまいます。

最後に僕がよく使うのは、体を反らすというテクニック。

「へー」と言いながら、後ろに体を反らすことで、相手に本当に驚いていることをアピールできます。

「うなずき」と「同意」を分ける

「相手の話に納得も共感もしていないのにうなずけない」

うなずきの大切さをお伝えしているとき、こうした意見によく出会います。

しかし、うなずくときに、必ずしも相手の話に納得や共感はしていなくてもいいのです。

うなずきは「あなたの話の意味をよく理解していますよ」と相手に安心感を与えるためのボディーアクションです。

それでも抵抗がある場合は「あなたが言っている日本語の意味を理解しています」と考えればいいのです。

ノーリアクションで相手の話を聞くことは、相手に無言のプレッシャーを与えることになります。

その相手と仲良くなりたくないなら、それでもかまいませんが、もしあなたがその相手と心を通じ合わせたいと考えているなら、まず相手の話したいことに理解を示している合図としてうなずきを使ってください。

そのうなずきが与える安心感で相手が心を開き、本当に伝えたいことを引き出せることはしばしばあります。

その中で共感できる部分を見つけたとき、初めて心を込めた深いうなずきをすればいいのです。

「うなずきは相手に好意を示す行為である」、そう覚えておいて損はありません。

田村淳流
コミュ力を高め
好かれるコツ

06

うなずきを使って相手に好意を伝える

うなずきはあくまで相手に好意や同意を与える手段

無意識に出る姿勢を意識して使う

なるほど！
前傾する
真剣に聞いてくれているんだな

へえ〜!!
体を反らす
ガタッ
そんなに驚いてくれるのか！

「うなずき」と「同意」は使い分ける

うーん
…………

納得・共感できないのにうなずけない

相手にプレッシャーを与えるだけ

ふむふむ

理解を示すためのうなずき

心が通じ合い共感できることも

07 使わなきゃ損！ 田村淳式「SNS」

上手な会話は太極拳

「いやいや」「でも」「そんなこと言ったって」

無意識でこうした否定から話を始める人は少なくありません。しかし、これではいつまで経っても相手と良い関係を築くことはできません。

コミュ力お化けは必ず肯定から入ります。

「いいね」「いいですね」、この言葉を人の話を聞くときに、合いの手として入れるのです。

コミュ力の高い人は、積極的に「いいね！」という言葉を使います。

相手が部下であれ、子どもであれ、何か意見を出してくれたときは「いいね！」で絶えず相手を肯定することを意識しています。

良いコミュニケーションは太極拳に似ています。

どうやってその会話をポジティブなものにしていくかということを常に考え、太極拳のように相手の力（話）を利用しながら、話を広げていくのです。

その入り口が「いいね！」という言葉なのです。

コミュ力は3語で高くなる

誰もが心の底から欲しがっている共感や承認。これを満たすアクションで、「いいね」に続けることで、相手の心を簡単に全開にする魔法の言葉があります。

それは、田村淳式コミュニケーション「SNS」。

ソーシャルネットワークのSNSではありません。

「すごい《Sugoi》」「なるほど《Naruhodo》」「そうなんだ《Sounanda》」

この3つの略です。

先ほど書いた「いいね！」にこの言葉を添えるだけ。

やる前は「淳さん、そんなことでうまくいくんですか？」と聞きたくなるでしょう。しかし、それは田村淳式SNSの力を体験したことがないからです。

やってみると「なんで、これを早くやらなかったんだろう」と、あなたはこれまでの自分に後悔することになるでしょう。

小学生の実験

「すごい」「なるほど」「そうなんだ」。

僕はこの3語を義務教育で習ったらいいと本気で思っています。

それはこの3語を身につけるだけで、その後の人生において、コミュニケーションで苦労する割合が格段に減ると思うからです。

そのことを改めて感じさせてくれた出来事がありました。

いまから14年前、僕は卒業校である山口県彦島の下関市立江浦小学校で講演をしたことがあります。

そのときに、子どもたちにこのSNSの話をして、その後、実験で近所の商店街に行き、「この3語を使ってみよう」というワークをしました。

そこで働いている人にいろんな質問をし、その回答に対して、「すごい」「なるほど」「そうなんだ」をひたすら繰り返すというものです。

結果としてどうなったか？

大人の話が止まらず、延々と話してくれるのです。

当然、その子たちはたくさん話を聞くことができ、知識が増え、何よりも好かれます。もし、この3語を幼い頃から習慣にすれば、もうその子は超コミュ力を手にしたことになります。

しかし現実は、この成功体験がないからこそ、社会に出たときにコミュニケーションで苦労することになってしまうのです。

◯ あなたはもっと簡単に好かれる！

冒頭に書きましたが、一番大切な部分なのでもう一度書きます。

多くの人が間違った思い込みをしています。

それは「コミュニケーションとは上手に話すことである」というものです。

実は人と良い関係をつくるのに、上手に話すということは、あまり必要なことではありません。しかし、多くの人がこのことに気づかず、コミュニケーションに対して、「話す」ということを重要視しすぎているのです。

相手と心を通じ合わせるために、一番はじめに大切なこと。

それは「相手が何を求めているのかを知る」ということです。

相手がどうしてほしいのかを知ることなく、ただ一方的に、いくら上手に話したとしても、それはコミュニケーションの本来の目的である「相手と心を通わせる」ということにはつながりません。

相手に心を開いてもらうための最強の方法、それが「すごい」「なるほど」「そうなんだ」、この3語を使うということなのです。

いかがでしょう？　上手に話すということに比べると、断然このほうが気楽で、しかも簡単なことだと思いませんか？

この項目でも書きましたが、残念ながら、多くの人がこのことに気づいていません。

ということは、この田村淳式ＳＮＳさえ使えれば、あなたは周りの人よりもはるかにコミュ力が高い人になるのです。

試しに明日会った人に、この3語を使ってみてください。おそらくあなたは、笑ってしまうくらい、その効果をすぐに実感することになります。

田村淳流
コミュ力を高め
好かれるコツ
07

「すごい」「なるほど」「そうなんだ」を習慣化する

良いコミュニケーションは相手の力を利用できる

学生時代スポーツは？
野球を少々…
いいですね！
まずは相手への肯定を会話の入り口にする
県予選ではいいところまでいったんですよ…
Sすごい！
でも３回戦の相手チームが強すぎた
Nなるほど！
だってプロ入りした選手もいたんです！
Sそうなんですね！
えっ

魔法の3語で相手の心は全開になる

08

相手の話を取らない、遮《さえぎ》らない、奪わない

「コミュ力お化け」はあえて知らないフリをする

もし相手が話す内容を、自分がすでに知っていた場合、多くの人が「それ知ってる！」と、つい言ってしまいます。

そんなとき、コミュ力お化けは、相手のリズムや「ここから話すんだ」というワクワク感を最優先に考え、あえて知らないフリをします。

相手の話の内容について、すでに知っている場合でも、「いまは質問者に回るべ

きだ」と思ったら、あえて知らないフリをするのです。

人は歳を取っていくと、だんだんこの知らないフリができなくなります。経験を通して知っていることが増えていくからです。

例えば上司と部下で考えてみても、経験的には圧倒的に上司のほうが多いので、部下が言うことに対して「そんなこと知ってるよ。もっと深く言うとな……」とマウントを取りがちになります。

また相手が話しているジャンルの話について、自分が達人級に専門知識を持っている場合も人は話したくなります。知っていることについて、人はどうしても相手に自分の話をかぶせようとしたり、相手の話を奪ったりするのです。

しかし、コミュ力お化けたちはその知識を使って、さらに相手が話しやすくなる質問をします。

「相手に気持ちよく話させる力」をここで使うのです。

話を遮らない

僕には、出会ってすぐの人には絶対やらないと決めているマイルールがあります。

それは、「話を絶対に遮らない」ということです。

会話の途中で話を遮ってしまう人は少なくありません。会話において話を遮ると、相手は「この人は自分の話を聞いてくれない人だ」と心を閉ざしてしまいます。せっかく相手が気持ちよくしゃべっているのに、それを邪魔するのは本末転倒です。

人は、感情の生き物だと言われます。感情が高ぶると、それが収まるまで一気に話し続けることも珍しくありません。

そんなときに、途中で話の腰を折ると、相手の感情を逆撫《な》でし、さらに事態は悪化してしまうかもしれません。

ですから、僕は多少理解できないことがあっても、話を止めることなく、うなずきながらすべての話を受け止めます。

そうすることで、「この人は、自分が感情的になっても、全部吐き出させてくれるんだ」という信頼感につながるのです。

周りの人にアドバイスしてもらおう

コミュ力が低い人は例外なく、相手の話を取ったり、自分の話ばかりしたりします。無意識のうちに会話でマウントを取ってしまうのです。

「もっと相手の話を聞いてあげたほうがいいですよ」とアドバイスをして、「気をつけます！」と元気よく返事をしたにもかかわらず、また自分の話ばかりするという場面を何度も見てきました。

それくらい自身の会話のスタイルは癖づいているので、親しい人に「自分の話をし始めたら指摘して」などとお願いしてみることもおすすめです。

このように、会話は自分が話すのではなく、相手に話させるものだと胸に刻んでおきましょう。

田村淳流
コミュ力を高め
好かれるコツ

08

「会話の際、人の話は最後まで聞く」とあらかじめ決めておく

相手の話の腰を折ったり、自分の話をかぶせるのは絶対NG

かぶせる癖はなかなか直らない

話をかぶせると相手は疲れてしまう

「人の話は最後まで聞く」と決める

会話では自分ではなく相手に話してもらう

09

質問力を磨く

「いいね」に「質問」をプラスする

「コミュ力＝相手に気持ちよく話させる力」

その中で、相手の話を大きく広げていく力、それが質問力です。

例えば、あなたが「海外旅行に行くとしたら、どこに行きたい？」と質問したとします。それに対して、相手が「タイに行きたい」と答えてくれたとしましょう。

そこで、まずは「いいね！」と返しますが、それだけだと会話は終了してしまいます。ですからコミュ力の高い人は「いいね！」の後に、その話題に関する質問を加えることで、相手がさらに話しやすくするのです。

「タイってどんな魅力があるんですか？」
「タイはタイでも、行ったことがない観光地に行ってみたくないですか？」
「お金を使わないタイ旅行も面白そうじゃないですか？」
このように、相手が話しやすくなる質問を加えるのです。

意見を否定せずに、ひたすら肯定し、質問し続けることで、相手の頭にたくさんのアイデアが生まれます。つまり「相手が気持ちよく話せる」のです。

もしはじめの段階で、肯定も質問もないまま「タイの山奥に行くと、虫がいっぱいいて嫌じゃないですか？」などと否定してしまうと、そこで相手は次の話をしにくくなってしまいます。

まずは、「いいね！」と相手の意見を肯定し、そこから会話を発展させるための質問は何がいいかを考えていきましょう。

相手との距離を縮める「一番効果的な質問」

例えば、「あなたのやってみたいことはなんですか?」という質問に対して、「犬を飼うことです」と答えてくれたとしましょう。

この答えに対して、次にすべき質問は、学生時代の英語の授業で習った5W1Hの中から考えるとうまくいきます。

今回は犬がテーマなので、Whatから考えると、「どんな犬種のワンちゃんを飼いたいんですか?」になるでしょうし、Whenから考えると、「いつまでに飼いたいと思われているんですか?」になるでしょう。

そして、この5W1Hの中でも、ダントツで相手との距離を縮めることが可能な

のが、Why、つまり「なぜ？」からの質問です。

いま挙げた例で言うと、

「なぜ犬を飼いたいと思ったんですか？」

「なぜ犬を好きになったんですか？　きっかけってありました？」

「なぜいま、犬を飼っていないんですか？」

などなど、さまざまな「なぜ」を派生させていくことで、無限に話題を深掘りしていくことができます。


ちなみに、僕は1つの質問をした後、即座に3つくらいの「なぜ」を考えるようにしています。

ここまで瞬発力を発揮するには、長年のトレーニングが必要ですが、事前に相手の回答を予測することは可能です。できる限り多くの「なぜ？」をあらかじめ頭の中で準備しておきましょう。

質問すると有利になる

質問者という立場は、コミュニケーションにおいて大きなメリットがあります。相手が話している間に、質問を考えることができ、時間的にも余裕が生まれるのです。

僕に対して、ズケズケものを言う人だなというイメージを持っている人もいるかもしれません。ですが、ちゃんと向き合って話した相手から嫌われることは少ないです。それは、「あなたの人生に興味があります」というスタンスを常に崩さないからだと感じています。

もしあなたが「初対面で何を話していいかわからない」という悩みを持っている場合は、「質問者になる」と決め、相手の夢ややりたいことなどの〝欲望のデータ〟

を取るところから始めてみてください。

そうすることで、あなたが有利な立場に立てることになります。

相手との関係性が深まることはもちろん、長い目で見たときに、この人とは「合う・合わない」をジャッジできる側になるのです。

これは後出しジャンケンと同じ理屈です。コミュニケーションにおいて、あなたが負ける確率は大きく減ることになります。

田村淳流
コミュ力を高め
好かれるコツ

09

「なぜ?」を中心に話を広げよう

10 人に質問するときに大切な4つのこと

自己開示をする

超コミュ力についての最重要項目である、質問力。
この力を発揮するにあたって、４つの注意点があります。

まず1つ目は、自己開示をすることです。

一方的に質問を続けると、相手によっては不信感を与えてしまうかもしれません。
そうならないためにも、「私の夢は◯◯なんだけど、あなたの夢は何？」など、しっかり自己開示をしてから質問することで、相手は安心して答えることができるでしょう。

質問のハードルを下げる

2つ目に大切なことは、相手が答えにくそうにしていたら、追加の質問をすることです。

例えば、「やりたいことはなんですか?」と聞かれても、「うーん」と頭を抱える人がいるかもしれません。そんなときには、相手にゆっくり考える時間を与える意味でも、「やりたいことと言っても、あの有名なラーメンを食べに行く、とかでもいいですよ」などと助け舟を出してあげましょう。

そうすることで、「それだったら」と、答えやすい雰囲気をつくってあげることができます。

必ず共感を入れる

そして、3つ目に大切なのが、相手の答えに対して、理解と共感を示すことです。

せっかくやりたいことを話してくれたのに、ノーリアクションのまま矢継ぎ早に質問をぶつけると、相手は尋問されているように感じられ、会話が楽しめなくなってしまいます。

相手が「私のやりたいことは犬を飼うことです」と答えてくれたなら、「ワンちゃん可愛いですもんね」など、いったん相手の答えを受け止めて共感するひと呼吸を置くだけで、相手は一気に話しやすくなるのです。

僕は、相手の話を聞くことは最大の愛情表現だと思っています。

その愛情表現も、一歩間違うと、相手を不快な気持ちにさせてしまう危険性をはらんでいますので、注意すべき部分をしっかり守りながら、質問力を高めていきましょう。

わからないところは「ちゃんと聞く」

良い質問のやり方の最後になります。

会話の中でわからない単語が出てきても「流れを止めるのが申し訳ない」という思いから、「それってどういう意味ですか？」と素直に聞けない人は多いです。

もしかしたら、あなたにも経験があるかもしれません。

ちなみに、僕は自分の知らない言葉が出てきたら、どんなに会話が盛り上がっていたとしても、「ごめん、それはどういう意味なの？」と必ず質問するようにしています。

それに対して、「淳さんはちゃんと聞けてすごいですね」と言われることもありますが、わからないままで終わらせないのは、相手への最低限の礼儀だと思っているのです。

話の途中で「わかりません」と言えない人は、人生のどこかで、わからないことをわからないままやり過ごせてしまった経験があるのではないでしょうか。その成功体験があると「次もいけるはず」と、深く聞くことなく流してしまうのです。

ただ、あなたがコミュ力を上げたいと願うなら、今後は「わからないことはわからない」と、はっきり言うように切り替えましょう。

厳しいようですが、それをしないということは、相手と会話をする気がないのと同じです。相手の話に真剣に耳を傾けるためにも、正直に打ち明けていきましょう。そうすることで、「この人は誠実に私の話を聞いてくれている」と相手も好意を持ってくれるはずです。

以上、この章では超コミュ力を手に入れるために大切なことについて具体的にお伝えしました。まとめるとこうなります。

安心させる表情でうなずきながら相手の話を聞き、決してマウンティングせずに、「田村淳式SNS」を使って肯定しながら、相手が話しやすい質問で話を展開させていくこと、それが超コミュ力。

難しいことは何ひとつありませんし、1円もお金がかかりません。最初は少しぎこちなく感じるかもしれませんが、習慣化することであなたのコミュ力は飛躍的に上がっていくことをお約束します。

田村淳流
コミュ力を高め
好かれるコツ
10

好かれるのには1円もかからない。あとはやるかやらないかだけ

質問力を発揮するために気をつけたい４つのこと

① 質問は自己開示をしてから

② 質問のハードルを下げる

③ 質問を重ねる前に理解と共感

④ わからないことはちゃんと聞く

第2章

初対面や苦手な人に強くなるコツ

11 相手の興味・関心を知る

自分の勝ちパターンを思い出す

初対面に悩む人は少なくありません。いえ、実際のところ、大多数の人が「自分は初対面が苦手だ」と思っているのではないでしょうか。

特に日本人はこの傾向が強いと言われています。その中でもナンバーワンの悩み、それは、

「初めて出会った人と何を話していいかわからない」

というものです。

初対面の場合、相手の興味がわからないのは当たり前のことです。

しかし、ここで振り返ってみてください。あなたにも最低ひとりやふたりの友人はいるはずです。ということは、これまであなたは誰かと仲良くなったことがあるということです。

まずは、その人たちと仲良くなったきっかけを思い出してみてください。必ずなんらかの法則が見えてきます。

「そうか、私の場合、こんなときが人と仲良くなるケースなんだな」

あなたにその順路や共通性が見えてくると、初対面でのコミュニケーションの悩みがグッと減ります。

このように、事前に会話における自分の勝ちパターンを準備しておけば、人見知り克服へと大きな一歩を踏み出せます。

相手の興味を知るための最強の質問

「自分の勝ちパターン？　なかなか思い出せない。淳さん、良い方法を教えて」

自分の勝ちパターンが思い出せない。しかし、明日、初対面の人と会わなければいけない予定がある。そんな緊急性を持っている人のために、僕が大切にしていることをお伝えします。

初対面のときに最も効果的な方法、それは、

「相手が今後やりたいことを聞く」

というものです。

「やりたいこと？　ほとんどの人がそんなもの持っていないでしょ」

あなたはそう思うかもしれません。しかし、僕がここで言う「やりたいこと」には大きさは関係ありません。

例えば「宇宙に行きたい！」という大きなことでもいいし、「最近できた新しいラーメン屋さんに行きたい」というささやかなことでもかまいません。

この質問の目的は、「相手の〝欲望のデータ〟を取ること」にあります。

相手の望むものや興味・関心がわかり、〝欲望のデータ〟が取れれば、その後のコミュニケーションは格段に楽になります。

人は自分が興味を持っている話のときに一気に心を開くからです。

例えばその人の興味・関心に対して、「その分野ならとても詳しい人がいますよ」と第三者の存在を伝えたり、「こんな方法だったら叶うんじゃないですか？」と解決策を提示したり、「素敵な夢ですね。それすごくわかります」と共感したりすることで、関係性を一気に深めていくことができます。

田村淳流
コミュ力を高め
好かれるコツ

11

「やりたいこと」を聞いてみる

12 初対面で大切なこと

「あるある」な残念デート

最近仕事で知り合った女性から、こんな話を聞きました。

紹介してもらった男性と、初めてふたりで食事に行ったときのこと。質問するのは自分ばかりで、相手は一向に質問をしてくれません。

そんなコミュニケーションが結局最後まで続き、別れ際に「私に興味ないですよね？」と彼女が聞いたところ、「そんなことないです。とっても楽しかったですよ。また会いたいです」と彼が答えたそうです。

しかし、その「また」は来ませんでした。その後、特にお互い連絡を取り合うこともなく、彼女と彼の食事はその一回きりになってしまったそうです。

この話を聞いたとき、僕はとってももったいないないなと感じました。

「彼に」ではなく、「彼女に」です。

僕がもしその女性の立場であれば、質問してくれないなと感じた時点ですぐ、「私に興味ないですよね？」と聞きます。

そうすれば、もっと早く答えに辿りつくことができたし、ふたりの距離も変わったのではないでしょうか。

気持ちは早めに伝えよう

日本人は、「こんなことを言ったら嫌われるかもしれない」と、相手に不満や疑問を伝えることを我慢してしまいがちです。

ただ、我慢せず早く伝えておけば関係は改善したかもしれないのに、それができないばかりにお別れしてしまうなんて残念ですよね。

こうしたチャンスロスをしないように、僕は初対面のとき、できる限り早く相手に自分の気持ちを伝えるようにしています。

「どうしても怖くて言えない」という人には、できるだけ深刻にならない伝え方をおすすめしています。

今回のパターンだったら「全然私に興味なさそうじゃないですかー?」などと、笑いながら伝えてみてください。

そうすれば、相手も「緊張して余裕がなくて」などと素直に自分の気持ちを伝えてくれるかもしれません。

まあ、本音を言えば初対面のデートであれば、彼のほうが会話をリードしてほしいものですが。

緊張するときこそ質問しよう

「憧れの人とようやく話せるチャンスが来た。ただ緊張して話せない」

誰もが一度は経験があるシチュエーションだと思います。

いまでは信じられないのですが、デビュー当時、僕にも同じ経験がありました。

それは、仕事を通して大好きな女優さんと初めて会えたときです。

飛び上がるくらい嬉しかったのに、「好きです」としか伝えられず、とっても悔しい思いをしました。

「こんな失敗、二度としたくない」

そう思った僕は、「自分がどれくらい相手を好きか？」を伝えるよりも、「相手に寄り添った、良い質問をしよう」と、発想を転換させることを試みました。

「たしか、愛犬のお名前は◯◯でしたよね？」、「お好きな花の種類は、たしかお母様とのエピソードからきているんですよね？」といった質問をするようにすると、とても喜んでもらえました。

こうした成功体験は、自信を生み、「緊張するときこそ、質問だ」と自分のスタイルを確立させることができました。

いまの時代はほとんどの人がＳＮＳをやっています。もし初対面の人の名前があらかじめわかっていれば、その人の趣味嗜好を知ることは簡単にできます。

もしあなたも、緊張して話せないほどの人と会う機会があるのなら、ただ自分の想いを伝えるのではなく、自分がいかに相手のことが好きかがわかるオリジナリティあふれる質問をぶつけてみてください。

そうすることで相手も喜んで心を開いてくれますよ。

田村淳流
コミュ力を高め
好かれるコツ
12

緊張するときほど質問してみよう

緊張して話せないほどの人と会うときは…

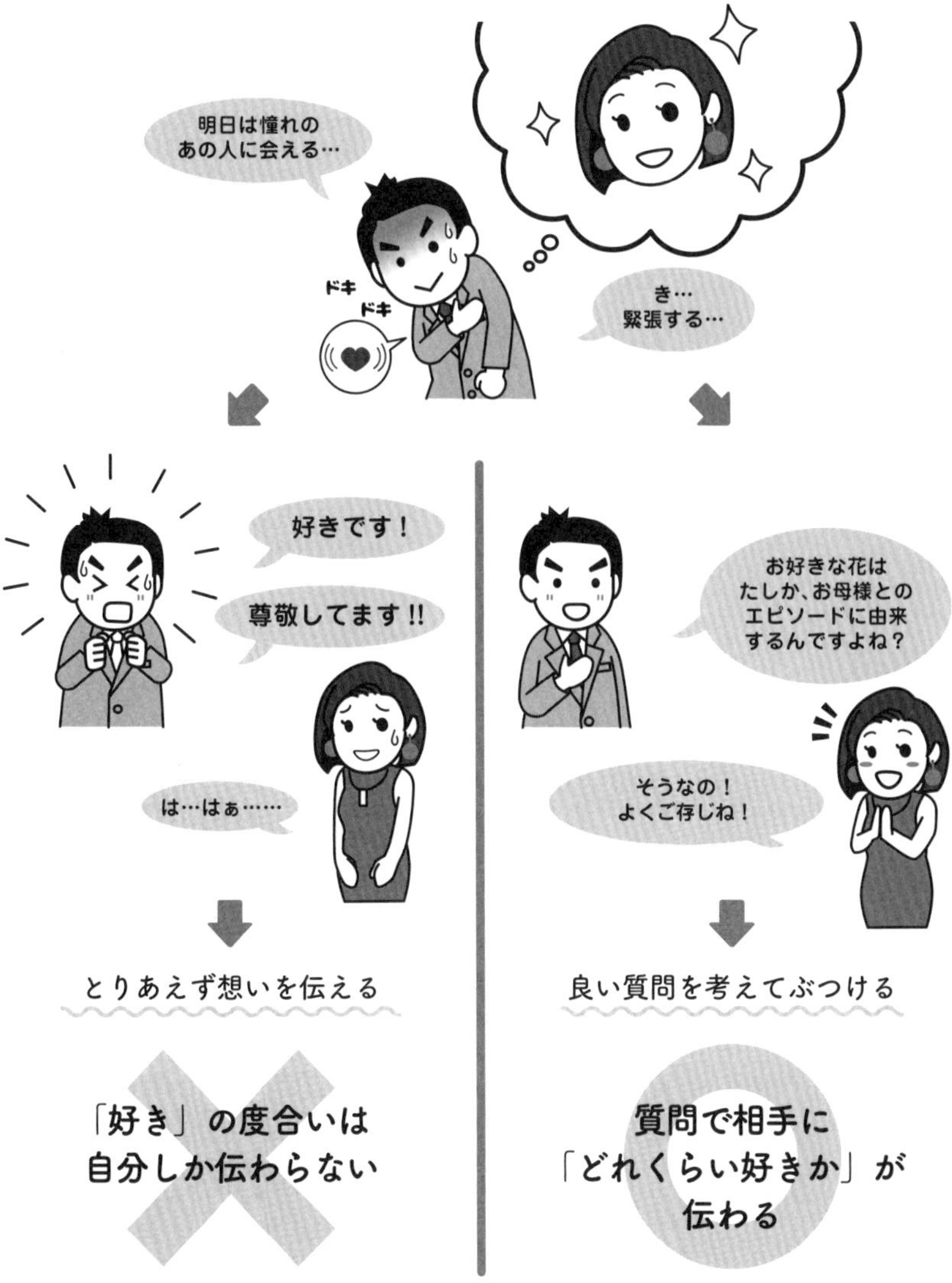
明日は憧れの
あの人に会える…
ドキ
ドキ
き…
緊張する…
好きです！
尊敬してます!!
は…はぁ……
お好きな花は
たしか、お母様との
エピソードに由来
するんですよね？
そうなの！
よくご存じね！
とりあえず想いを伝える
良い質問を考えてぶつける
「好き」の度合いは
自分しか伝わらない
質問で相手に
「どれくらい好きか」が
伝わる

13

初対面の最高のネタは「○○○棒」

自己紹介の秘訣

日常生活の中で、突然生まれる沈黙の時間。もしくは職場やプライベートなど、初対面の場においての自己紹介。これらの場面を苦痛に感じる人は少なくありません。

そんなときにおすすめの方法は、自分の中で最も一般的ではないものを伝えることです。

多くの人は、自己紹介の場において「登山が好きです」「映画が好きです」などと、より一般的なものを伝える傾向がありますが、それだと自分を印象づけることができません。

特に、合コンのような場所では、自分に興味を持ってもらうことが最優先。なおさら人とは違うポイントをアピールしなければなりません。

多くの人がどうすればいいかわからなくなるこの何気ない瞬間に、コミュ力お化けたちは、相手を和ませることができます。

その違いを分けるのは、雑談で盛り上がるネタを持っているかどうかです。

特に共通の体験がある話題は、話術に関係なく、相手との距離を縮められます。

ということで、田村淳流の鉄板ネタで個人的に最も活用している話題。

それは、

「うまい棒」です。

「あの、うまい棒、何味が好きですか？」

この質問は、全世代にほぼ通用する鉄板ネタです。

おそらくいきなりこう質問する人は少ないでしょうから、あなたを「うまい棒の人」として一気に印象づけることができます。

そして、好きな味を聞いた後は「うまい棒のキャラクターの名前って知ってますか？」と必ず質問します。

これに答えられる人はほとんどいません。

ちなみに正解は「うまえもん」。

「パッケージの中で色々なスポーツに挑戦してるって知ってますか？」と聞くと、その場がほぼ１００％和みます。

雑談に困ったら、ぜひ試してみてください。

自分しかこだわっていない好きなものはなんですか？

ちなみに、僕は「うまい棒」について紹介しましたが、ネタの数はひとつに絞る必要はありません。むしろストックが多ければ多いほど、あなたの窮地を救ってくれるでしょう。

他にも自分の例を挙げると、僕は昔から電線が大好きで、国内・海外問わず、珍しい形状のものを見つけるたびに写真を撮りためています。

最近は「水まんじゅう」の〝のぼり〟を探しまくっています。同じ水まんじゅうでもその文字体によって雰囲気がまったく違うことに気づきました。

このように、普通じゃない趣味について熱量を持って話せば、たとえ目の前の人がコミュ力が高くなくても「えっ、なんでそんなことに興味持ってるの？」とツッコんでくれます。

会話で難しいのは、なんといっても入り口の部分。

その第一歩目で活路を見出すことができれば、後は流れに身を任せるだけでうまくいきます。

韓国ドラマ、よもぎの生える場所、昆虫、車のマフラーの種類——探せば人の興味は無限にありますし、インターネットなどを駆使してとことん掘っていけば、あなたがその分野の専門家になることは可能です。

あなたの好きなこと、興味の赴《おもむ》くことを書き出してみてください。これは初対面で必ず役に立つので、一般的でない趣味をどんどん集めていきましょう。

田村淳流
コミュ力を高め
好かれるコツ
13

好きなうまい棒の味を聞いてみる

自己紹介はあえて一般的でない話題で印象づける

無難な話題は印象に残らない

趣味は登山で…
好きな映画は…
へぇ
そうなんですか…
どこかで
聞いたような
自己紹介だなぁ

一般的でない自分の趣味を持ち出す

うまい棒
実は「うまい棒」に
詳しいんですが
何味が好きですか？
面白い趣味を
持ってる人だな
「うまい棒」ですか!?
たこ焼きかなぁ？
うまい棒の人

こだわりを会話の入り口にすると「○○の人」になれる

14

相手に興味が持てないとき、どうすればいいか？

まずは相手の話を掘ってみる

「淳さんのコミュ力の秘密は、他人への好奇心の強さですね」

本をつくるにあたり、出版社の方々に何度もこの言葉をいただきました。

また、それと同時に、「他人へそこまで興味が持てなくて悩んでいる人が多い」ということも知りました。

たしかにコミュニケーションの土台として、人への興味・関心は大切です。

ただ僕も、すべての人に興味があるわけではありません。はじめは興味のあるフリをしながら、コミュニケーションを取ることがほとんどです。

では、どうして僕は、他人に興味があるように思われるのでしょうか？

それは、相手の中に自分が「面白い」と感じられるポイントを見つけるまで、徹底的に掘り下げていくからです。

最初は「興味のあるフリ」から始めよう

最初は相手に興味が持てなくても悩む必要はありません。はじめは演技でもいいので、「あなたに興味があります」という姿勢を見せながら、ゆっくりと相手の面白い部分を探していきましょう。

もちろん話を聞いていく中で、すぐにその鉱脈に辿りつくわけではありません。話せば話すほど、相手に幻滅したり、価値観の違いがより際立ってしまうこともあるでしょう。しかし、これまでの経験上、どんな人にだって、「良いところ」は必ず存在します。**一度その鉱脈を見つけたら、その「良いところ」を自分の中で思いっきり膨らませ、「好き」を育てていくのです。**

そして、「あなたのこの部分最高ですね！　もっと話を聞かせてください！」と迫ることで、グッと距離が縮まっていくというわけです。

最初からうまくいくことは難しいかもしれませんが、続けていくうちに見つけられる速度は上がっていきます。

そして、さらにその回数を重ねれば、「この人の面白いところはどこなんだろう？」と、ワクワクしながら話を聞けるようになります。

もちろん人間ですから、「合う・合わない」はあります。話を掘り下げた上で、どうしても相手に興味が持てないときは、無理に付き合わなくてもいいのです。

田村淳流
コミュ力を高め
好かれるコツ

14

相手に興味が持てるポイントを見つけるまで深く掘ってみる

他人への興味は「深掘り」で発見するもの

最初は興味があるフリで大丈夫

良いところが見つかれば「好き」に育てられる

15

気を遣って、言いたいことが言えないときは？

目の前の人のズボンのチャックが開いていたら、あなたはどうする？

先日、テレビ番組の企画で、

「ズボンからトイレットペーパーがはみ出ている人がいたら、注意することはできますか？」

というアンケートがありました。

これに対して、「注意できない」が大半の人の回答で、最も多い理由としては、「言ったら傷つけるのではないかと相手に気を遣ってしまう」というものでした。

さて、あなたならどうしますか？

さすがに、「ズボンからトイレットペーパーがはみ出ている」ことはめったにありませんが、例えばズボンのチャックが開いていたり、鼻毛が出ていたりすることはときどきあります。

そんなときは、そこに相手が気づかない限り周りの人から心の中で笑われ続ける、もしくは哀れに思われてしまうというシュールな構図が続いてしまうことになります。

当然、それを知らせなかった側の人にも罪悪感が残ってしまいます。

言いにくいことは、指摘するより、まず理由を聞いてみる

こんな場合、僕の答えは、注意するのではなく「なんでトイレットペーパーつけてるんですか?」と質問する、というものです。

この方法は、あらゆる場面で応用が可能ですし、大きく分けて3つのメリットがあります。

まず1つ目は、「相手を傷つけなくて済む」という点です。

注意する場合は、相手を傷つけてしまう可能性がありますが、質問すれば相手に「ちょっと急いでいて」などと、逃げ道を用意してあげることができます。

次に2つ目は、「自分を守ることができる」という点です。

注意した相手によっては、こちらに敵意を向けてくる可能性があります。例えば、足を広げて座っている女性に注意をしたら、「何見てるのよ」とセクハラ扱いされるかもしれません。

しかし、「なんで足を広げてるんですか?」と質問することで、相手の敵意は削がれ、自分の安全も保てるというわけです。

最後の3つ目は、「自分の好奇心を満たすことができる」という点です。

僕は昔から、気になったらとにかく聞いてみないと気が済まない性分です。変わった行動、変わった髪形、変わった服装などなど、自分の理解の外にいる人に対しては、その理由を聞かないと、心が落ち着かないのです。

最後のメリットは少し個人的だったかもしれませんが、この方法を取ることで、自分の気持ちも楽になるし、相手も救われるし、両者にとってメリットしかありません。

もしあなたが自分の優しさを押し殺して胸を痛めた経験があるのなら、「まずは聞いてみる」ということを試してみてください。

田村淳流
コミュ力を高め
好かれるコツ
15

いきなり指摘するのではなく、まずは理由を聞いてみる

16

「ノーブレーキおじさん」にならないために

包容力を身につける

いまこうしてコミュ力を分解していく中で僕自身、「若い頃の自分に最も足りなかったな」と感じるものがあります。

それは包容力。

当時は僕自身、「自分が話したい」という気持ちが先行して、相手に安心感や精神的な落ち着きを与えることができていませんでした。

これは若者だからまだ許された部分もありますが、ある程度の年齢を重ねても未《いま》だに包容力を高めていなかったら、周囲から煙たがられる存在になっていただろうなど思います。

あなたの周りにも、いつまで経っても自分の話をやめない、「ノーブレーキおじさん」たちがいるのではないでしょうか?

聞かれてもいないことを延々と話す。

「自分の若い頃は」ネタが毎度毎度始まる。

周りの「もういいです」の空気に気づかない。

もちろんこれは「おじさん」に限った話ではなく、女性や若い人の中にも「ノーブレーキおじさん」のような人はいますよね。

そうならないためにも、自分が話すことは二の次、三の次。

歳を取れば取るほど、周囲を見渡して「Aさんの意見はこう」「Bさんの意見はこう」「Cさんはまだ発言していないけど、どう思ってる?」と、その場の交通整理をしていける、そんな存在になりたいものです。

会議で否定していませんか？

仕事をしていると、つきものなのが会議。そして歳を重ねていくにつれ、ポジションが上がり、やがて議長、つまり会議の進行役に立たされることが増えてきますよね。

その中で要注意なのが、相手の意見を頭ごなしに否定しない、ということ。

会議において何より大事なことは、積極的に意見が飛び交っている状況をつくることです。場を仕切るリーダーが、せっかく出してくれたアイデアを否定してしまうと、発言しにくい空気感が生まれてしまいます。

人にはさまざまな考え方がありますし、ひょっとしたらその中に自分でも思いつかない素晴らしいアイデアが隠れているかもしれません。

ですから、もし自分と異なる意見が出たとしても、すぐには否定せず、いったん受け止めてあげましょう。

また、自分の考えが間違っている可能性を常に疑い、すぐに発想を改められる柔軟性を持つことも大切です。

このように、歳を取るにつれ、会話において重要性が増していく包容力。一日でも早くこの力を身につけることができれば、あなたは大きな輝きを放ちます。

田村淳流
コミュ力を高め
好かれるコツ
16

否定したり、話しすぎたりしていないか意識する

17

最初に「会話の目的」を明確にする

会議もコミュニケーションの一部である

会社勤めをされているオンラインサロンのメンバーの相談に乗る機会も多いのですが、その中でも特に多いのが、「会議が面白くない」というものです。

「なぜ面白くないのか?」、その理由を聞いてみると、「時間が長いわりに、みんなの意見もまとまらないから」だと答えてくれました。

前項でもお伝えした会議。これは会社で働く人の大きなテーマのひとつです。

会議もコミュニケーションの一部です。そこがうまくいかない理由は、ずばり「ゴールが明確になっていない」からです。

事前に、その会議のゴールが明確になっていれば、スムーズに意見が飛び交うはずですし、それでも意見が出ない場合は「誰も思い浮かばなかったみたいなので終わりにしましょう」と早々に打ち切ることも可能です。

ゴールが見えなければ、メンバーの意見がまとまらなくて当然。会議を開くならば、必ずその目的をはっきり示しましょう。

「あなたに好意を持っています」と最初に伝えてみる

また、これはプライベートでも同じことが言えます。

例えば、僕は好きな女性と初めて食事に行ったとしたら、「好きだから誘いました。あなたのことがもっと知りたいです」と、最初のお酒が来たタイミングで伝えます。

ここまでストレートに伝える必要はないかもしれませんが、少なくとも「あなたに興味があります」と伝えなければ、いつまで経ってもゴールに近づくことはできません。

そして、もし「私はそんなつもりで来たんじゃありません。美味しいご飯が目的だったんです」と告げられてしまったとしても、お互いの目的が早い段階で違っていたことがわかったのなら儲けもの。

「それならご飯だけ食べて帰りましょう。でも、この一緒にいる時間だけはチャンスをください。どうしてあなたのことが気になったのか聞いてもらえませんか?」などと、挽回することも可能ですし、必要以上に相手の時間を奪うことも、勘違いさせることもありません。

この話をすると、多くの人が「いきなり正直に告白することで空気を壊したくない」と驚きます。

ただ、僕は「いきなり壊したら、なぜダメなのか?」と不思議に思います。

人生の中で、最も価値があるのは時間です。

結論を先延ばしにした結果、お互いがその大切なものを失ってしまうことほどもったいないことはありません。
人と良い関係性をつくるために、まずは勇気を出して会話の目的をはっきりさせることは、思わぬ良い結果を生み出すことにつながると僕は思います。

田村淳流
コミュ力を高め
好かれるコツ
17

「今日はこの目的で話しましょう」と最初に伝える

18

たまには「嫌です」と言ったっていい

なんで自分の感情を押し殺してしまうのか？

コミュ力を高める上で大切なことがあります。

それは、自分の気持ちを相手にさらけ出すということです。

言うたびに相手も含めて多くの方からびっくりされますが、僕が会話の中で、嫌なことをする相手に対して使うようにしている言葉。

それは、「そんなことを言うあなたのことが嫌い」です。

周りを見渡してみると、僕くらい相手に対して自分の感情をはっきりと伝える人には、ほぼ会ったことはありません。ほとんどの人が感情を自分の中に押し込めて、その場をやり過ごそうとします。

その姿勢を見て「大人だな」と思うことはありません。

逆に「なんではっきりと言わないいんだろう」と疑問に思ってしまうのです。

ただ、念のために言っておきますが、僕はこの項目の結論として、「勇気を出して嫌いだと言ってみよう」とあなたに伝えたいのではありません。

この言葉がうまく作用するかどうかは、自分のキャラクターや相手との関係の深さによります。むやみに使うといろんなところでトラブルになってしまいます。

もし、いまあなたが必要以上に誰かのことで我慢していたり、「嫌だな」と感じていたとしたら、もっと心が軽くなる方法があるよ、ということをお伝えしたいのです。

嫌いな感情と理由をしっかりと伝える

「これはやめてください」

「自分はこんなことをされると嫌です」

出会ってまもない人に対して、こんなことを伝えるのは難しいことです。

しかし、あなたがその人と時間を過ごしていく上で、自分にとって嫌なことや許せないことをされたタイミングでは、必ず伝えたほうが、結果としてその関係性はうまくいきます。


嫌なことをされたり、言われたりしたとき、もしあなたがなんとなくやり過ごしてしまうタイプであったとしたら、いますぐやめましょう。波風を立てることを恐れて自分だけが我慢するということは、相手のためにも、あなたのためにもなりま

せん。


そんなときは、ヘラヘラせずに、相手の目をしっかりと見て、

「いまの発言は許せません」

「僕、あなたのそういうところは嫌いです」

などと、その都度、その理由を伝えたほうがいいのです。

コミュニケーションを取る上で、相手に自分の好きなこと、されて嫌なことを伝えるということは非常に重要です。

はっきり自分の立場を相手に表明することで、

「なぜ許せないのか？」

「なぜ嫌いなのか？」

という自分の価値観を相手が理解しやすくなるのです。

それでも嫌なことをする人とは一緒にいなくていい

もしそれによって、「そうだったんですね。気をつけます」と反省してくれる人とは、今後も深い付き合いができます。

そうではなく、ただ逆上してくる人に対しては「僕は仲良くなりたくて、『嫌です』と言ったのに、それで怒るならお互いにとって時間の無駄ですよね」と、はっきりと関係を拒絶していいのです。

そうすることで、精神的にも非常に楽になりますし、価値観の近い人とだけ、良い人間関係を築いていくことができるようになります。

もし、あなたの周りに嫌なことをしてくる相手が現れたら、「嫌です！」としっかりと意思を表明しましょう。一度うやむやにしてしまうと、次も同じケースであなたが嫌な思いをすることになってしまいます。そして相手とその状態が続くと、やがて我慢することに慣れてしまい、その相手といるときは、何もかも自己決定することができない人になってしまうのです。

あなたのせっかくの大切な時間なのに、それはとてももったいないですよね。

恐れる必要はありません。あなたにとって本当に大切な人は、あなたの気持ちをしっかりと受け止めてくれます。あなたはあなたの思うことをしっかりと伝えていきましょう。

田村淳流
コミュ力を高め
好かれるコツ

18

「嫌なものは嫌」とはっきり言ったほうが良い関係がつくれると知る

19

会話において、やってはいけないこと

否定しない

いま、世の中は、相手を論破することがちょっとしたブームになっているように感じます。それが芸として成り立つ芸能界なら、それはそれでひとつのエンターテインメントにもなりますが、一般のコミュニケーションにおいて、相手を論破することは絶対にやめたほうがいいでしょう。

コミュニケーションの目的は、相手と仲良くなること。

人前で論破なんてされてしまったら、あなたに心を開くどころか、恨まれてしまいます。

先述しましたが、**コミュ力を高めたいのであれば、「絶対に相手を否定しない」ということを心に留めておいてください。**

こんな話をすると、

「いやいや淳さん、あなたは『苦手な相手にははっきり嫌いと伝えなさい』と言ってたじゃないですか？」とツッコまれてしまうかもしれません。

しかし、相手を否定することと、「ここが嫌です」と指摘することは同じではありません。

僕があえて嫌なポイントを指摘しているのは、「仲良くなりたい」という気持ちが前提としてあるからです。

それをしっかりと伝えた上での「嫌です」なので、そこから関係が改善することも数えきれないほどありました。

似て非なる否定と指摘

会話において相手を論破したり否定したりする行為には、相手とうまくやっていこうという気持ちは最初からなく、一方的にマウントを取ってやろうとする攻撃心が見え隠れします。

例えば、あなたが部下を持つ立場で、その部下が仕事をサボってばかりだったとします。

「君はなんてダメな人間なんだ！」と頭ごなしに叱りつけることもできますが、これでは「否定」です。

人格自体を否定された相手には遺恨だけが残って、その後の関係改善が難しくなってしまいます。

それより、自分が部下に対して「嫌だ」「直してほしい」と考えている点、つまりここでは「勤務態度」を具体的に挙げ、「君のここは受け入れられない」と「指摘」

し、改善を求めるべきです。

これなら、相手も自分のすべてを否定された気分にはならず、「指摘された点をどうにかすれば、見直してもらえる余地がある」と理解し、関係改善の可能性を残すことになります。

このように、否定と指摘は似ているようで、まったく異なる概念です。

そこをしっかり理解した上で、否定はしないように心がけましょう。

田村淳流
コミュ力を高め
好かれるコツ

19

指摘はしても、否定はしない

「否定」と「指摘」は
似て非なるもの

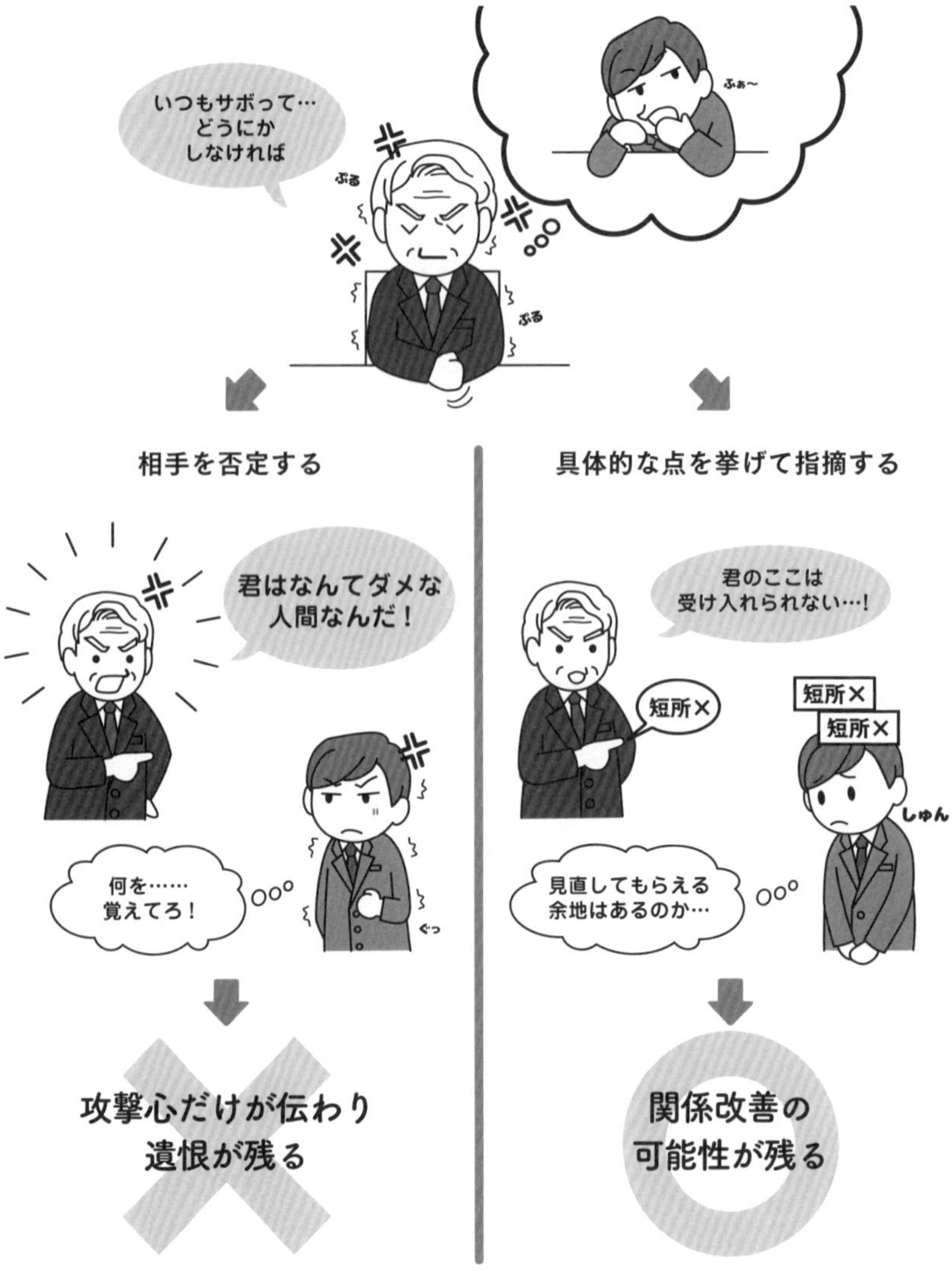

第3章

コミュ力こそがあなたを支えてくれる

20

支えがあるから強くなれる

人間関係が変わることをそんなに恐れる必要はない

「なんでそんなに言いたいことが言えるんですか？」

「メンタルをどうやって鍛えたんですか？」

僕のテレビやＳＮＳでの言動について、よくこんな質問を受けます。

こう言うと驚かれますが、僕はみなさんが思っているよりメンタルが強い人間ではありません。以前、ラジオ番組の企画で、自分がＨＳＰ（ハイリー・センシティブ・パーソン）であるということも判明しました。俗に「繊細さん」と呼ばれている特性です。

では、そんな繊細さんである僕が、なぜ言いたいことが言えるのか?

それには理由があります。

それは、もし自分の発言が原因で仕事や人間関係を失ったとしても、大きく人生は狂わないと確信しているからです。

もちろんそれらをなくすことで、現在の生活水準を維持するのは難しいかもしれません。しかし、「幸せか? 幸せではないか?」で考えてみると、間違いなく幸せに生きていけます。

その最大の理由は、僕自身が**複数のコミュニティに所属しているから**です。

極楽とんぼは本当に極楽にいた

このコミュニティの大切さを僕に教えてくれたのは、芸能界に入った当初からずっと可愛がってくれている先輩、極楽とんぼの山本圭壱さんです。

ご存じの方もいるかもしれませんが、山本さんは2006年に不祥事を起こし、それから約10年以上、テレビの世界から干されてしまいました。

当時の山本さんは、伝説の人気番組だった「めちゃ×2イケてるッ！」のレギュラーでもあった、超人気芸人。

しかし、この問題が原因で東京を離れ、地方で生活することになり、「山本は落ちぶれた」というイメージが一気に広がりました。

僕はそんな山本さんが心配になり、謹慎している宮崎まで会いに行くことにしました。

すると、そこで見た山本さんは、僕の予想に反してとっても幸せそうだったのです。なぜなら、すでに山本さんは、地域の人から愛されていて、一緒にサーフィンをしたり、美味しいうどんを食べて、酒盛りしたりと、たくさんの笑顔に囲まれていたからです。

そんな姿を見て、しみじみと「芸能界だけじゃなく、いろんな人間関係を持っているということは、こんなに強いものなのか」とコミュニティの大切さを実感しました。

心の安全基地を持つ

地方での山本さんの生き方は、僕に大きな気づきと勇気をくれました。

これをきっかけに、「コミュニティを大切にしよう！」と思い、僕はオンラインサロン活動や業界外のつながりをつくることに力を入れるようになりました。

人は、職場のコミュニティや家族のコミュニティなど、色々なコミュニティに所属していますが、どれかひとつに依存すると、それが崩れたときに一気に不幸になってしまいます。

そのリスクを防ぐためにも、複数のコミュニティを持つということは、あなたの人生を大きく支えてくれます。

ひとつのコミュニティが崩れそうなときでも、他の部分が自分を支えてくれるため、落ち着いた気持ちで立て直しを図れるようになります。

田村淳流
コミュ力を高め
好かれるコツ

20

言いたいことを言えるように、自分を支えてくれるコミュニティをたくさん持つ

趣味、ペット、車、オンラインコミュニティ。

いまの時代はＳＮＳの発展で、自分の好きなことを同様に愛している人たちとの出会いが簡単になりました。

こうした場所、つまり心の安全基地を持つことで、もっと自分の言いたいことを言えるようになります。

言いたいことが言えない状況が長く続くと、精神衛生上も良くありません。悩んでいるなら、ぜひ新しいコミュニティ探しを始めましょう。

所属しているコミュニティの数が多ければ自分らしく生きられる

1つのコミュニティに依存

複数のコミュニティに所属

21 それでも「人に話しかけるのが怖い」人へ

僕も人に話しかけるのが怖かった

「コミュニティが大切なのはわかったけど、コミュニティに入る勇気がない」

前項を受けて、そう思っている人もいるかもしれません。

そもそも「人に話しかけるのが怖い」「人の輪に飛び込む自信がない」「人と話すと緊張する」、そんなメンタル的な課題を抱えている人もいるでしょう。

そこで、ここでは、コミュ力以前のメンタルの話をしたいと思います。

これを話すと驚かれるのですが、僕にも、人に話しかけるのが怖い時期がありました。山口県・下関から東京に出てきて、まだ間もない頃です。僕は東京の独特の空気に飲まれていました。

自分の下関弁が通じるのか、周りから田舎者とバカにされているのではないかなど、目に見えない無数の不安と恐怖に萎縮していたのです。

「このままではいけない」。僕は意を決して、あることを実行しました。

コミュ力以前の「メンタル」を鍛える方法

僕は何をしたのか？　それは、
渋谷のど真ん中で、「渋谷駅はどこですか？」と道行く人々に話しかけたのです。1週間、毎日続けました。すると、いろんなことがわかりました。
「他の人も同じように地方から出てきていて、自分と同じような不安を抱えている」
「こういうタイプの人は道を教えてくれるけど、こういうタイプの人は無視したり、嫌な顔をする」など、目に見えなかった不安が、目に見える〝データ〟になり、どう対応すればいいか明確になりました。そうしていくうちに、小さな成功体験が積み上がり、コミュ力も高まり、自信もついてきました。
あなたがコミュ力に自信がないなら、まずは小さな一歩を踏み出すことです。

- **テーマパークで「写真撮りましょうか?」と話しかける**
- **行列に並んでいる人に「なんで並んでいるんですか?」と聞いてみる**
- **困っている人がいたら、声をかける**

などなど、相手が絶対に断らない状況で話しかけてみるのです。嫌な顔をする人はほとんどいないはずです。そうやって小さな成功体験を積み重ねることで、コミュ力上昇の好循環をつくり出しましょう。

田村淳流
コミュ力を高め
好かれるコツ
21

知らない人に道を聞いてみる

小さな一歩の積み重ねで
コミュ力上昇の好循環に！

① 話しかける
お荷物
持ちましょうか？
② 成功して自信がつく
家は近所だけど
腰が痛くてね
助かるよ！
③ コミュ力が上がる！
LEVEL UP!
勇気を出して
話しかけて良かった！
また話しかけたくなる
成長!!
メンタル
小さな成功体験の積み重ねで
コミュ力が高まり、
メンタルも成長する！

22

「自分は面白くない」と悩む人へ

「面白い」と「楽しい」の違いを知る

僕について、「自分勝手に好きなことをやってる人」というイメージを持っている人も多いかもしれませんが、それは誤解です。

実は僕は、自分から周りをトークで盛り上げて楽しませる〝ピッチャータイプ〟ではありません。

「みんなが楽しんでくれるから自分も楽しめる」という〝キャッチャータイプ〟の人間なのです。

なので、飲み会の席でも周りを見渡して、「楽しくなさそうな人はいないかな?」

「お酒はみんな残っているかな?」と、常に気を配ってしまいます。

ここで僕があなたにおすすめしたいのは、**「『面白いこと』ではなくて、『楽しいこと』を追求していく」**ということです。

意外かもしれませんが、「面白いこと」と「楽しいこと」は大きく異なります。

「面白いこと」とは何かというと、お題に対してフリップに答えを書いていく、大喜利などが挙げられます。

しかし、これはある種の職人芸。もちろんその職人たちにリスペクトはあるのですが、「何秒以内に面白いことを言え!」というのは、普通の人にとっては恐怖以外の何物でもありません。

これに対して、「楽しいこと」となると、ハードルがグッと下がり、選択肢も無限に広がります。

歌舞伎ごっこ

僕のオンラインサロンで、「勘定奉行におまかせあれ選手権」というものを開催したことがあります。

これは、情報管理ソフトのCMの中で、歌舞伎役者の方が白塗りをして「おまかせあれ！」とポーズを決める場面があるのですが、誰が一番ここに近づけるかを決めるという選手権です。企画を立ち上げた当初は、「また淳が変なことを始めた」と不穏な空気が流れたのですが、僕の呼びかけに対し、約30人のサロンメンバーが動画を送ってくれました。

もちろん、みんなプロではないので、テレビ番組のクオリティにほど遠いのは言うまでもありません。ただ、一般のメンバーたちが、家にある白塗りだけで、歌舞伎の雰囲気を出して「おまかせあれ！」と叫ぶ姿に、サロン内は大盛り上がりでした。他から見たら馬鹿馬鹿しいのかもしれませんが、これは身内だからこそ理解できる楽しさです。

参加した側は、非日常を体験できて楽しいし、見てる側も楽しい。

そして、「こんな感じでいいなら自分も参加したかった」と後悔することだって楽しさのひとつです。

また、後日この企画に対して、ＣＭ元の企業から「ぜひ協賛金を出させてくださ い」と声をかけていただき、優勝者には５万円の賞金が出るというおまけまでつきました。

「楽しい」は自分が起点で楽しむことから始まります。

「面白い」はかなりの技術がいりますが、「楽しい」は誰でもつくれるのです。

このように、自分が言い出しっぺで起点となって、まずは自分が楽しみ、そしてみんなに楽しんでもらうことが僕の幸せであり、仕事です。

「面白い人になりたいけど、そうはなれなくて苦しんでいる」

そんな人は、「面白い人」ではなく、「楽しい人」を目指すことで心が楽になると保証します。

「自分なんてなんの取り柄もないので、人を楽しませる自信がありません」

このような悩みを持つ人は多いです。ただ、僕はこれまでたくさんの人と会ってきましたが、楽しいところがない人などいない、と自信を持ってお伝えできます。

そのことを証明するために、印象的な人を紹介させてください。

ゲッターズ飯田さんが言いそうな占いができる男

サロンメンバーのひとり、雄一郎さん。彼も出会った当初は、自信がなさそうな青年でした。ただ、話を聞いていくと、

「僕は占いが大好きで、ゲッターズ飯田さんの本や、ゲッターズ飯田さんが参考にしている占いの本を全部読んでいます」

とのことでした。

それだけでもとっても楽しいと感じ、さらに深掘りしていくと、

「実は、ゲッターズさんが言いそうな占いができます」と、自信ありげに続けます。

僕の好奇心のメーターは一瞬でMAXに達し、「なら占ってよ」と生年月日を伝えると、

「淳さんは今年の6月に少し体調を崩すから、腰のあたりに気をつけたほうがいいと思います。ただ、仕事面で言うと、年末にかけて尻上がりに良くなっていきます。って、ゲッターズさんなら言うと思います」


このやりとりをオンライン上で見ていたメンバーは大爆笑で盛り上がりました。

このように、「楽しい人」になる要素は誰にでもあるのです。

田村淳流
コミュ力を高め
好かれるコツ
22

自分の中の「楽しい」を積極的に発信する

23

「超コミュ力」時代

ここからさらにやってくる孤独な時代

コミュニケーション能力。

略してコミュ力。

今後はさらにその重要性が増していくと確信しています。

その理由は、

これからは各自が複数のコミュニティに所属する必要性がさらに高まるからです。

そして、このコミュニティで良い人間関係をつくっていくために必須なのがコミュ力なのです。

生涯未婚率は、毎年のように過去最高を更新し続けていて、若い人を中心にひとりで生きていくことを厭わない風潮が見られます。

この傾向は、ネットフリックスのような、定額課金制の動画配信サイトなど、安価でも楽しめるコンテンツが世の中にあふれていることも拍車をかけていると言えるでしょう。

ただ、人間というのは厄介なもので、ひとりの時間も大切ですが、ずっとひとりでいるのは苦しいという性質を持っています。

そんな悩みを解消するためのベストな方法が、複数のコミュニティに所属するということです。

仕事と家庭だけでは足りなくなる

コミュニティには、それぞれ独自のルールがあることが多いですが、自分のライフスタイルに合わせて、自由に選ぶことができるのも魅力です。

そうやって、無理なく参加できる自分に合ったコミュニティを渡り歩いていくことで、ほどよい人間関係を維持することができるというわけです。

また、コミュニティに入る必要性は、孤独を解消することだけにとどまりません。テクノロジーの進化はとどまることを知らず、今後、僕たちの生活が一変してしまう可能性も高まっています。

2023年初頭に世の中に広まった、チャットGPTを筆頭に、AI技術の新しい可能性が見出されたことは記憶に新しいと思います。

これからは、人が行っていた仕事がAIに切り替わり、多くの物事をAIが担うことになっていくのは明らかです。

そんな時代には、ますます人のつながりが重要になってくるでしょう。仕事場と家庭の2つのコミュニティだけにしか所属していないのは危険だと感じます。

だからコミュ力が必要なのだ

こんなときだからこそ、世代や職種、住んでいる場所がまったく違う人たちと積極的に交流し、自分の新しい可能性を開いていかなければなりません。

自分では大したことないと思っていることでも、他人から尊敬のまなざしを向けられることは珍しくありません。

ただ、自分の良さは自分が一番わからないもの。そのため、自分の良いところを見つけてくれるのがうまい人と出会う必要があるのです。

コミュニティを模索することで、そういった出会いの扉は無数に広がっていきます。

ぜひ、積極的にたくさんの人と出会いましょう。

そのコミュニティがさらにあなたの魅力を引き出してくれます。

そして必ず新しい自分に出会えます。
そのために一番必須となるコミュ力を磨いていきましょう。

田村淳流
コミュ力を高め
好かれるコツ

23

良いコミュニティを持つためにコミュ力を磨く

第4章

人間関係がうまくいくためのコミュ力

24

上の人から可愛がられる技術

媚《こび》を売ることは悪いことじゃない

あなたの新入社員時代を思い出してみてください。

まったく同じタイミングで入社したのに、上司からすぐに可愛がられ、自分よりはるかに早いスピードで出世した人がいたのではないでしょうか？

そんな姿を見て、もしかしたら「あいつは上司に媚を売った卑怯なやつだ」と思ってしまったかもしれません。

ただ、この本を読んだ以上、そんな考えは捨てましょう。僕はむしろどんどん媚を売るべきだと思っています。

「媚を売る」という表現から悪いイメージを持たれがちですが、その実際の行動といえば、相手の気持ちに寄り添い、喜ばせようという姿勢です。

たとえその動機が不純なものだとしても、結果として相手を喜ばせることができ、自分の出世にもつながるのであれば、やらない理由はありません。

戦国一のコミュ力に学ぶ

ちなみに、この「媚を売る」ということについて、非常に印象的な人物がいます。

それは、織田信長の小姓・森蘭丸です。

僕はいままで、豊臣秀吉が信長の周りで一番コミュ力が高いと思っていました。

しかし、とある逸話を聞いて、「森蘭丸のほうが圧倒的に上だな」と考えを改めました。信長には意地の悪いところがあり、部下の能力や機転の速さを確かめるために、ときどき実験のようなことをします。

ある日、信長が蘭丸に命令しました。

「障子を開けっ放しにしてきたから、閉めてこい」

ところが、蘭丸が向かうと障子は開いていません。

（これは、殿が私を試しているのだ）

そう察した蘭丸は少し考えて、障子を一度開けてから、わざと大きな音を立てて閉め直しました。帰ってきた蘭丸に信長は尋ねます。

「どうだ、障子は開いていただろう」

「いえ、閉まっておりました」

「では、なぜ閉まる音がしたのだ？」

「殿が開けっ放しにしてきたと仰せられたのです。閉まっていたのでは、殿が間違っていたことになり恥をかきます。だからわざと音を立てて皆に聞かせたのです」

下手な言い訳を好まない信長の性格を汲んで、報告は正直にしつつ、主君の顔を立てる工夫も忘れなかったのです。さすがの信長も感服したといいます。

真偽はともかく、このエピソードを聞いて、自分も戦国の世に生まれていたら、間違いなく信長のもとで出世できるなと確信しました。

なぜなら、森蘭丸の取った手法は、僕が社会に出てから取っていった戦略と大きく重なっていたからです。もし僕が信長に仕えていたとしたら、彼の行動をすべてメモするところから始めます。

「こんなときはこんな風に動く」

「こんなときにこんなものを飲む」

などなど、その一挙手一投足を残さずメモしていくことでしょう。

また、信長に怒られている人を見る機会も多いはずなので、「どういうときに信長は怒るのか?」というポイントは特に太文字でメモをします。

このように、自分の出世を握る人物のデータを集めることは非常に重要です。

損得勘定を否定しない

ここを読んで、

「人から信頼を得るためには損得勘定で動かないといけないの？」と、嫌悪感を感じる人もいるかもしれません。

ここで断言しておきますが、損得勘定で動くことは悪いことではありません。本当の良い人間関係は、損得から始まり損得を超えたときに生まれます。

コミュ力を高めるために、そして人に好かれるために一番大切なこと、それは「どうしたら目の前の人が喜ぶか？」を常に考えること。

タバコの銘柄や飲んでいるコーヒーなど、「これを覚えておいたら、この人は絶対に喜んでくれるはず」と思えることは、メモしてでも覚えておきましょう。それ以外でも、好きな服のタブやネクタイの柄、スニーカーのブランドなど、目を光らせるべきポイントは無数にあります。

人は自分を大切にしてくれる人に心を開きますが、ともすると自分自身よりも、自分が大切にしている存在を大切にしてくれる人を好きになります。

例えばお子さんやペットの名前、誕生日なども忘れずにお祝いしてもらって嬉しくない人はいないです。

コミュ力をなんで上げたいのか？　なぜ人に好かれたいのか？　すべては自分のメリットから始まりますし、それでいいのです。はじめは、自分のメリットのためだけに人に親切にしてもかまいません。

そうしているうちに、少しずつあなたは無意識に喜ばれる行動を取れる人に変わっていくことになります。

田村淳流
コミュ力を高め
好かれるコツ
24

まずは損得勘定から始めてみる

25
100%面接に合格してきた、ちょっとした技術

「はい」に「っ」をつける

高校時代、そして売れなかった頃は、山のようにいろんなバイトをしていました。しかもありがたいことに、僕は生まれてからこの方、一度も採用面接で落ちたことがありません。

読んでくれている方の中には、就職やアルバイトなど、近日中に面接を控えている人もいるかもしれません。そんな人たちの役に少しでも立てばと思い、当時僕が大切にしていたコミュ力のテクニックをお伝えします。

まず1つ目は、「スタッカートな返事」です。

スタッカートというのは、音楽で歯切れよく演奏するために、音と音を切る技法のことですが、僕は昔からこのスタッカートを強く意識しています。

例えば、同じ返事をするにしても、「はーい」と返事をするよりも、「はいっ！」と小さな「っ」を意識するようにしっかり返事をすると「こいつはちゃんと話を聞いてるな」と思ってもらいやすくなります。

返事は「はいっ！」。

挨拶するときは「おはようございますっ！」。

お礼を言うときは「ありがとうございますっ！」。

たったこれだけであなたの印象は大きく変わります。

面接時はもちろん、上司とコミュニケーションを取るときは、常に意識してみてください。

これは、あなたが自分より目上の人と接する機会全般に活用可能です。

理由は「明確に」「飾らずに」「正直に」伝えよう

そして、2つ目は、「なぜそこに入りたいのか?」という動機を明確にするということです。

それについて、僕が18歳の頃、非常に狭き門として有名だった人気喫茶店へ面接を申し込んだときの話をします。

そのお店は、最先端の流行を取り入れた非常におしゃれな内装で、店内はいつも女の子であふれていました。

また、そんな雰囲気に合わせてか、働いていた店員さんはクラスで1、2位を争ってきただろうなとすぐわかるほどの美男美女。

当時の僕の見た目では、門前払いを食らう可能性が大でした。

しかし、こちらの面接もすんなり合格できました。
後になぜ僕が受かったのかを聞いたところ、面接のときに僕が話した理由が合否の鍵だったそうです。

「僕はモテるようになりたいです。だけど、男子校なので、女の子と接する機会がほとんどありません。ただ、このお店はいつ来ても女の子でいっぱいです。なので、この場所で働くことができたら、女性という生き物を知ることができる。そう思って応募しました。ぜひ、ここで働きながら女性について勉強させてください」

このように思いの丈をストレートにぶつけました。すると、「お前変わってるな」と笑ってくれて「いいよ、明日から来いよ」とオーケーしてくれたわけです。
それ以降、社会人になってからも面接は百戦百勝だったわけですが、そのときに意識していたことも、「スタッカートな返事」と「動機を明確に、飾らずに、正直に伝える」ことのみです。
もし面接になかなか受からずに悩んでいる方がいたら、ぜひこれを試してみてください。

田村淳流
コミュ力を高め
好かれるコツ
25

理由は飾らず正直に伝える

みんな意外にできていない
面接でうまくいくちょっとしたコツ

① スタッカートな返事

② 志望理由は「明確に」「飾らず」「正直に」

他がやっていないからこそ印象に残る工夫がある

26

組織、上司とのコミュニケーション

怒られたときはチャンス

社会に出たばかりの新人が、上司にガツンと怒られて会社に行けなくなるというのはよくある話らしいです。

では、「怒られないようにするにはどうすればいいか?」という話なのですが、まったく怒られないというのは、難しいもの。

それなら、「まずは怒られることに慣れるところから始めてみてはいかがですか?」というのが僕の提案です。

怒られたことがない人は、怒られることが絶対悪だと捉えてしまいますが、怒られるということは、相手の関心を引いているという意味でもあります。

僕は子ども時代はもちろん、大人になった今も怒られてばかりですが、相手からブチ切れられることはあっても、大問題に発展することはほとんどありません。

むしろ、仕事の提案に対して「こんな勝手なことが許されると思ってるのか！」と怒られたら、上司との距離を一気に縮めるチャンスだと感じます。

うまくまとめようとせずに、上司の気持ちを吐き出させてみよう

上司を怒らせてしまったとき、あなたにできることは、まずは落ち着いて相手の話をすべて受け止めることです。

もしかしたら、上司もそれまでに溜まった鬱憤やストレスを発散させているのかもしれません。それをすべて解放してしまえば、相手もスッキリした気分になり、こちらの話に耳を傾けてくれるはずです。

この方法で、熱血漢タイプ、ネチネチタイプ、理論型タイプ、すべてに対処可能

です。テクニックもありません。すべて聞いてあげてください。

その上で、

「どうして内容に納得することができたのか？」

「それらをこれからの人生にどうやって活かしていくか？」

をしっかりと伝えれば、相手もあなたを認め、関係も良くなるはずです。

このように、怒られることは絶対悪ではありません。

あなたの立ち回り次第では、絶好のチャンスにもなり得るということを覚えておいてください。

田村淳流
コミュ力を高め
好かれるコツ
26

怒られることを恐れず、まずは相手の話を受け止める

怒らせた上司への対処法

まずはすべて受け止める

大事な取引先が怒ってるぞ！
どれだけ大事な相手だったかわかっているのか!?
君の接し方はなってない！
…………

2つの点をしっかり伝える

① お話を伺って取引先の大切さを痛感しました
② 反省点を洗い出し今後に活かします！

叱られたとしても対応次第で巻き返しようはある

27 謝罪するときの3つの鉄則

ミスをしてしまったとき、どう動くか？

生きていると、人はなんらかのミスを犯します。このとき大切なのは、ミスを犯したことを反省することより、まずはそのミスを一刻も早く修復することです。

トラブルが起きたときに、大切なことは3つあります。

まず1つ目は**「スピード」**です。

例えば、ある騒動が起こったときのことです。僕のもとに報道陣からすぐに「記者会見を開いてください」と打診が来ました。事務所からは止められたのですが、僕はその声を制し、すぐに会見を開きました。

芸能界ではこうしたとき「準備が整ってから」と、会見を先送りにする人も多いですが、大抵の場合、延ばせば延ばすほど、事態は悪化の一途を辿ります。

それを防ぐためにも、問題が発覚したら即座にアクションを起こすのです。

2つ目に大切なことは**「情報を惜しみなく、すべて話す」**という点です。

記者会見で質問に対して、回答を拒否する人がいますが、これは良くありません。問題を起こした側にとって大切なのは、誠実さのみ。質問に対してはすべて答えることが原則です。

どうしても答えられないときは「なぜ答えられないのか?」ということを真摯に伝えれば、記者の方も納得してくれます。それをせずに「答えられません」だけだと、記者さんも仕事になりません。謝罪の場は、相手に誠実さを伝えるチャンスでもあるので、話せることは最大限、正直に話しましょう。

そして、最後3つ目は、**「反省点と改善点を伝える」**です。「悪かったのはここです。すべて謝罪します。そして、未来に向けてこのように改善します」と、問題を整理しながら謝罪することが、相手の誤解を解くためにも重要です。

謝罪は信頼されるチャンスである

このように、トラブルを起こしたときに大切なことは、

「スピード」

「情報をすべて開示する」

「反省点と改善点を伝える」

の3つです。

問題を起こさない人なんていません。ただ、大事なのは「問題を起こした後」にあります。

ここを大切にすれば、「あの人は誠実な人だ」と、逆に信頼されるチャンスでもあることを覚えておいてください。

芸能人の記者会見という一般から少しかけ離れた例になってしまいましたが、これも社会とのコミュニケーションのひとつの形であり、会社やコミュニティ活動の中でも適用できます。

「もし自分がミスをしてしまったら?」

ここを考えながら、あなたの日常の知恵として活かしていただけたらと思います。

田村淳流
コミュ力を高め
好かれるコツ
27

「スピード」「情報開示」「反省点・改善点を伝える」の3つが謝罪のキモ

28 部下とのコミュ力

ふだんの「褒め」が「叱り」に効く

「部下をどう指導していいかわかりません」

僕のコミュニティで一番多い年齢層は40代。会社でも組織を率いなければならない立場の人も多く、よくこんな相談も受けています。

部下とのコミュニケーションで困っている人は、この世の中にたくさんいるのだと思います。そんな方に僕の部下とのコミュニケーションのお話をします。

それは「ふだんから良いところを思いきり褒めておく」ということです。

よく「部下がミスをしたときは、まずは褒めて、そこから注意しよう」という言葉があります。ですが、ふだんから褒めていない上司が、注意する前に褒めてくると、部下は混乱しますし、「あ、この上司はテクニックで自分をコントロールしようとしている」と思われる可能性も少なくありません。

ですから常日頃、何もないときから、しっかりと褒めておくのです。

そうしておけば、ミスしたときの注意が効果的にできます。

この関係をつくっておくのも、日頃からのコミュ力がものを言います。

良いところは遠慮せずに相手に伝えよう

僕の場合、仕事が芸能界なので特別に思われるかもしれませんが、実はみんな同じ人間です。嬉しければ笑い、悲しければ落ち込む、ごくごく普通の感情を持った人間です。

マネージャーや番組のプロデューサーなど、仕事を共にする人と初めて会うときに気をつけていることがあります。

それは、「良いところをできる限り早く見つけ、それを相手に伝える」ということです。**大切なのは「見つけること」より、「それを相手に伝えること」です。**

コミュニケーションにおいて、最も大切なことは相手へのリスペクト。

「この人のここはすごい！」と心から尊敬できる点があるから、相手のダメな部分も受け入れることができるのです。

また人間とは不思議なもので、ひとつ良いところを見つけると、「他にもこんな良いところがあるんだ」と連鎖的に尊敬できるところを見つけやすくなります。

僕の経験上、欠点がない人間も珍しいですが、同じく尊敬できる点がまったくない人というのも見つけることが難しいです。

それなので、職場で新しい出会いがあれば、その人の良いところを全力で見つけ、それを遠慮なく伝えてみましょう。

パワハラ、モラハラという言葉を必要以上に恐れないために

僕は一度仕事を任せるとなったら、基本的に何も口出ししません。

人は、あれこれ指示を出されるよりも、自由に仕事をさせたほうが、最大限力を発揮してくれると信じているからです。

ただ、仕事のクオリティを上げるためにも、どうしても相手の失敗を指摘しなければならない場面も出てきます。

そんなときに大切にしているのが、先ほどお伝えした、失敗点を伝える前に、まず「ふだんから良いところを褒めておく」ということです。

これまでの経験上、叱ることにあまり意味はありません。

いきなり頭ごなしに叱っても、相手は萎縮し、効果がありません。

なので、まずは良かった部分を褒めるところから始めて「でもあそこが改善できたらもっと良くなるよね。次から変えられそう？」などと提案すると、「はい、やります！」と気持ちよく返事をしてくれます。

ただ、うまくいっていないことは本人が一番わかっているのに、すべてを褒めると相手も違和感を覚えるでしょう。

そこで、まずは「ふだんから」褒めて、それから改善点を伝えるという順番を意識してください。

「パワハラ」「モラハラ」という言葉が世の中を飛び交っています。

それはもちろん上司としても意識しておくべきことではありますが、そもそものふだんの関係がうまくいっているのであれば、この言葉はそれほど恐れるものではないと僕は考えていますが、あなたはいかがでしょうか？

田村淳流
コミュ力を高め
好かれるコツ

28

ふだんから良いところを思いきり褒めておく

ミスの指摘には準備がいる

ふだんの接し方で相手の印象は変わる

注意する前にふだんから良いところを褒めておく

29 パートナーと良い関係を保つコミュ力

相手のネガティブをスルーしない

現代は、「3組に1組は離婚する」と言われるほど、離婚が当たり前の時代とも言われています。

離婚理由の中で最も多い原因は、「性格の不一致」だとのことですが、僕の経験上、それは単にすり合わせていないだけではないでしょうか？

コミュニケーション不足なのだと思います。性格はある程度コミュニケーションを取って価値観を理解することで、すり合わせることができます。

話さないでも心が通い合う、阿吽の呼吸のような関係を理想だと考えている人が多いかもしれませんが、それはあくまで理想です。

現実には、「話さなくてもわかる」ではなく、「話さないとわからない」のです。

僕がパートナーシップで気をつけていること

僕たち夫婦は今年で11年目。ありがたいことに喧嘩ひとつしない関係を保てています。

「あなたの好きなように生きてね。それが私の幸せだから」と言ってくれる妻の理解が、うまくいっている一番の要因ですが、パートナーシップにおいて僕が特に意識しているのは、妻の気持ちに注意を払い、「話を覚えておく」ということです。

例えば、寝る前にあなたの奥さん、もしくは彼女、つまりパートナーが「頭が痛い」と悩んでいたとしましょう。

そのとき、どんな声をかけますか？

僕が思う、まず一番先に言うべき言葉、それは「頭が痛かったんだ、気づけなくてごめんね」という言葉です。そして翌朝起きたタイミングで「頭痛は大丈夫？」と声をかけます。

この二言を言うだけで、「昨日話したことなのに、一晩経ってもまだ心配してくれていたんだ」という信頼につながります。男性はついつい忘れがちですが、相手がＳＯＳを出しているのに、それをほったらかしにすることは、絶対に避けなければなりません。

「ふーん、そうなんだ」という相手に対する興味の浅い表現、これが重なることで、少しずつパートナー間の信頼関係にヒビが入っていくのです。

「相手に注意を払い、話したことを覚える」と言ってもすべてを覚えてなければいけないわけではありません。

特に重要なのは、**相手が困っていることを絶対に忘れず、気遣いをする**こと。

相手のポジティブな情報も覚えておいたほうがいいのは間違いありませんが、ネガティブな情報を覚えておくことのほうが、はるかに大切です。

相手の感情に寄り添っていますか？

「ねえ、ちゃんと話聞いてる？」

「聞いてるよ！　何が気に入らないんだよ」

このやりとりは、日本全国あらゆるパートナーの間で交わされており、トラブルの火種にもなってしまう問題です。この光景を何度も見たり、実際に体験したりしているかもしれません。講演でこの話をすると、ある人は苦笑いし、ある人はうなずきます。

笑いで済むうちはまだいいですが、これは実は大きなコミュニケーション不足につながっていくのです。

一方は話を聞いているつもりでも、もう一方には満足してもらえない。

この古今東西、終わることなく繰り返されてきたすれ違いはなぜ起きてしまうのか？

それは、相手に寄り添う気持ちがないことが一番の原因です。

笑顔の大切さについてお話をしたときに、「笑っているように見せないと意味がない」と、鏡の前で笑顔の練習をする必要性についてお伝えしました。

この問題もこれと同じく、相手に聞いていると感じてもらえないと意味がないのです。

リピートと質問が関係を良くする

では、話を聞いていることを示すために何が必要でしょうか？

パートナーと話すときに、意識すべきポイントが２つあります。

まずは、要所要所で相手の話について、うなずきながらリピートすること。

例えば、うちの妻が、幼稚園で娘と遊んでくれた友達の話をしたとしましょう。

その場合は、「あっ、そうなんだ。そんな友達ができたんだね」などと、妻が話してくれたことについて繰り返すだけで、相手は安心して話し続けることができます。

ただ、最後までリピートするだけだと「本当に私の話に興味ある?」と疑われてしまうかもしれません。それを防ぐために、次にやること、それは、

パートナーの話が終わったら必ず質問をする

ということです。

質問をするためには、相手の話をしっかり聞くことが大切になります。

なので、パートナーの話を聞きながら「あ、この質問しよ。この質問しよ」と、常に考えながら聞くとうまくいきます。相手の話を途中で遮ってはいけないという話をこれまでにしましたが、そのスタンスはこの場合も同じです。

話が一段落した段階で「そのお友達はどこに住んでるの?」などと、2、3質問をぶつけます。

そうすることで、「この人はちゃんと話を聞いてくれる人だ」と満足してくれ、

相手に安心感を与えることができるのです。これも覚えておくと、とても役に立つコミュ力です。

あなたが選んだ最愛のパートナー。話をしっかり聞くだけで、パートナーシップは目に見えるくらい大きく改善されていきます。

田村淳流
コミュ力を高め
好かれるコツ

29

パートナーシップは気遣いが9割

パートナーのためにできる 2つの工夫

① 相手のネガティブへの気遣いを

② リピートと質問で相手に寄り添う

30 子どもとのコミュ力

子どもとも対等な立場で、コミュニケーションを取る

「子どもが言うことを聞いてくれない」

いつの時代もそう悩むお父さん、お母さんは多いもの。

ただ、僕の見解としては、子どもに言うことを聞いてもらうことは難しくありません。どうすればいいかというと、対等な立場で約束をすればいいのです。

その子どもがまだ2、3歳であれば言うことを聞かなくてもまったく問題ありません。僕がイメージしているのは、6歳くらいのそろそろ小学校に入る年齢の子どもに対しての話です。

その前提を踏まえた上で、僕は自分の娘と「片づけをしたら、一緒におままごとをする」と約束しています。

それなので、もし娘が片づけをしていなかった場合、「○○ちゃんが約束守ってくれないなら、パパも約束守りたくないんだけど」と言うと、いつも申し訳なさそうに片づけをし始めます。

このように約束にしてしまうことは非常に効果的なのですが、こちらも約束を守らなければ、当然ですが責められます。

ここでもっともらしく「パパは大人だから約束を守れないときもあるんだよ」みたいなことを言ってしまうと、子どもからの信頼は一気に崩れ去り、言うことをまったく聞いてもらえなくなるでしょう。

あくまでも、約束は対等な関係で結ぶのが鉄則。

どうしても守れないときは、「ごめんなさい」と素直に謝り「この埋め合わせはここでするから」と約束して、次は必ず守るようにしていきましょう。親と子である前に、まずは人格を持った同じひとりの人間として触れていくことが、これからの時代の親子コミュニケーションの基本になる、僕はそう思っています。

コミュ力を身につけるのは、早ければ早いほどいい

当たり前ですが僕も自分の子どもは可愛いです。僕にとって2人の娘は宝物です。だからこそ、娘たちがここから長い人生を送っていく中で、一番大切だと思うことを僕は伝えています。それはコミュ力です。

第1章で書いた田村淳式SNS、「すごい」「なるほど」「そうなんだ」、この3語はもちろんいつも娘たちに伝え、ちゃんと言えると褒めていますし、何より彼女たちが無意識のうちに聞き、影響を受ける僕と妻の会話の中でも意識的に多用するようにしています。

先日嬉しいことがありました。僕と長女が、逆上がりの練習の約束をしていたの

で、ふたりで公園に行ったときのことです。

　僕はベンチに座ってちょっと離れたところから見ていたのですが、逆側のベンチに座っていた、とあるおばあちゃんが長女に何かを話しかけていました。

「何か話してるな」と思って見ていたのですが、いつまで経っても終わりません。気がつくと1時間近くふたりで話し込んでいました。

「何を話しているのだろう？」

　気づかれないようにふたりの会話が聞こえるくらい近くに行くと、長女が「すごいね」「へー」「そうなんだー」とSNSを使いながらおばあちゃんにたくさんの質問をしていたのです。

　おばあちゃんは嬉しそうに長女に話をしていました。

　僕はその姿を見て、とても嬉しくなりました。もちろん娘がこれから生きていく人生の中で、彼女にもいろんなことが起こると思います。しかし、そんなときでもコミュ力を持ってたくましく生きてほしい。相手の話を興味を持って聞き、人に好かれる人になってほしい。そう願っています。

子どもでもコミュ力を高めることはできます。そしてそれは早ければ早いほどその子の将来が豊かになる、そう確信しています。

そしてそれは、身近な大人がふだん、どんな言葉を発し、どんなコミュニケーションを取っているのかで決まります。

そう考えたとき、僕たち大人も、ふだん子どもの前で何気なく使っている言葉には注意を払っていきたいものですね。

田村淳流
コミュ力を高め
好かれるコツ
30

子どもと対等に話し、良い会話を聞かせると意識する

子どもとのコミュニケーションで
気をつけたいこと

約束をするときは対等な立場で

意識的にコミュ力の高い会話を聞かせる

31 両親とのコミュ力

親とのコミュニケーションで後悔しないために

質問します。あなたは最近両親といつ会話をしましたか？

同居している方には日常のことかもしれませんが、それぞれのライフスタイルが個人個人で確立され、ゆっくり会話する機会というものは以前より減ってきています。

そして核家族が当たり前になったいま、両親と離れて暮らしている人が多いのではないでしょうか？

あなたが生まれ育った実家から遠く離れて生活しているとしたらなおのこと、自然と両親との関係は疎遠になってしまうでしょう。

「また余裕ができたときに話せばいい」

そうやっていつまでも甘えていると、気づいたらお葬式なんてことにもなってしまいかねません。

僕自身、2020年に母を亡くし、

「もっと話しておけばよかった」

「もっとハグをしておけばよかった」

と、いくら後悔してもしきれないほどの悲しい経験をしました。

あなたには同じ気持ちを味わってほしくないので、定期的に両親とのコミュニケーションの時間を持つ機会をつくってほしいなと切に願います。

家族の中でのコミュニケーションハブになろう

両親との会話、これもコミュ力の大きな要素のひとつです。

家族との絆を深める、そのために大切なのが、家族の中で誰かがコミュニケーションのハブ（中核）になることです。

いまになって思えば、田村家ではそのハブの役割を母がいつも担っていました。

僕が上京した後も、誕生日や夏休み、お正月が近くなると、「家族で集まれないか？」と連絡をくれたり、記念日ではなくとも、「あんた、ちゃんと健康診断には行きよるんかね？」などとこまめに連絡をくれていました。

ときにはそれが面倒臭く感じることもありましたが、母がハブの役割を果たしていたからこそ、家族と話せる機会があったんだといまでは深く感謝しています。

母が天国に逝ったいま、「今度は僕がハブにならなきゃ」と思い、父や弟に「いつ集まれる？」と、日程を調整するのは僕の役割になっています。

母を失い、一人暮らしをしている父に対しては、芋焼酎を送ったり、孫とも交流させるために、娘がハマっているゲームでオンライン対戦できるようにセッティングしたりと、寂しい思いをさせないように特に気を配っています。

もし家族の中で誰もハブの役割を果たしていないなら、あなたが積極的に名乗りを上げてみてください。

もちろん大変なこともありますが「親孝行したいときに親はなし」と、昔の人も教えてくれているように、いつまでも親が元気でいてくれるとは限りません。いま生きている両親と、後悔がないようコミュニケーションを取ってください。

「ハブになること」。これが両親・家族に対して発揮できる、ひとつのコミュ力です。

この本がそのきっかけになれば、こんなに嬉しいことはありません。

田村淳流
コミュ力を高め
好かれるコツ

31

積極的に家族のハブになる

第5章

本当に好きな人に好かれるために

32 「言いにくいこと」を言うためのコミュ力

言いにくいことこそ、手遅れにならないうちに

コミュニケーションを取る中で、できれば避けたい場面に出くわすこともあるでしょう。

例えば、仕事のミスの報告や、気が乗らないお誘いへの断りなど、「言いにくいけど、言わなきゃいけない」という体験をしたことがある人は多いと思います。

そんなとき、僕が大切にしているのは、言いにくいことはできる限り早く言う、ということです。

多くの人が「都合の悪い話は先延ばしにして、良い話をすぐに伝える」と言いますが、僕にとっては真逆です。

良い話はいくら後でもいいけれど、悪い話ほど一刻も早く伝えなければなりません。

もちろん、伝えないで逃げ切れるなら問題ありませんが、どうせ逃げられないのならできるだけ早く伝えましょう。

項目27「謝罪するときの3つの鉄則」でもお伝えした通り、謝罪も悪い話もスピードが命です。

遅れれば遅れるほど、誰も助けられないトラブルにまで発展してしまうことだってあり得ます。

メンタルが弱いからこそ、嫌なことはすぐに終わらせる

では、僕が実際にどのように伝えているかというと、例えば、事務所の上司だと

したら、勇気を出して、「言いにくいことを話しに行きたいです」とストレートに伝えます。

そうすると相手も気になって、「なんですか？」と質問が来ます。

それに対して、「ここで文章で送ってもいいんですけど、ちゃんと自分の想いを含めて伝えたいので、お時間をつくってほしいです」と返します。

そうすることで、上司と会ったときは、導入から言いづらいことが話せるから、気持ちとしてはとても楽です。

この話をすると、「淳さんは、話しにくい話をすぐに言えてメンタル強いですね」と言われますが、そうではありません。


メンタルが強いのではなく、弱いから先延ばしにできないのです。

僕からすれば、トラブルを抱えておきながら、それを先延ばしにできる人のほうが、はるかにメンタルが強いように感じます。

もし、あなたが先延ばしにしてしまいがちなのであれば、「この問題を放置し続けたら、どれくらい大きな問題に発展するか？」を真剣に考えてみてください。

そうすれば、先に話したほうが圧倒的に得だと理解できるはずです。

文章を送るときは、特に大変ですが、その壁さえ乗り越えればあとは大丈夫。

その一歩を勇気と共に踏み出しましょう。

田村淳流
コミュ力を高め
好かれるコツ
32

嫌なことは先に片づけて、ご機嫌で生きる

33

自分の考えに固執せず、良い話は柔軟に取り入れる

僕は常に一番良い方法を選択します

もしかすると、僕に対して、「自分を絶対曲げない頑固なやつだ」というイメージを持っている人が多いかもしれません。

しかし、僕は人の意見を否定しないし、相手の意見に納得したらすぐに自分の意見を変えられます。「今日右だったとしても、明日は左」みたいに、180度方針を転換することも日常茶飯事なので、周りを困らせてしまうことも多いです。

自分の意見に固執せず、新しい情報やテクノロジーが生まれたときに、柔軟に考え方を変えられることは、これからの激変の時代において非常に大切な力です。

一番良い方法を選択するために、いまの考え方に固執せず、これまでの方法をあっさりと変える。これも時代の流れに対するひとつのコミュ力です。柔軟性を持つことが、あなたが変化の時代と付き合っていくための大きな力なのです。

本当の強者になるために

時代は、個人の感情などおかまいなく変化していきます。

「俺はいままでこれでやってきたんだ。いきなり変えることなんてできない」人がいくら叫ぼうとも「そうなんですね。でもこれからはこうなりますから」と無言で形を変えていきます。

ということは、柔軟に変化できる人ほど、時代を生き抜くことができる強者であると言い換えることもできます。

例えば、仏壇屋さんは非常に高度な技術を持っていますが、「この技術を他の業界にも活かしませんか?」と提案されたのに対し、頑固な職人さんだったらそれを受け入れることができません。

それに対して、「他の業界でも使ってくれるんですか？」と、柔軟な発想ができる職人さんはどんどん新しい道を開いていくことができると思っています。

今後はＡＩやロボット技術が加速度的に発展することにより、これまでの常識が大幅に書き換えられる可能性が高くなっていきます。

良い人間関係はそれぞれの柔軟性が鍵となる

人間関係においても同じことが言えます。

世の中にはたくさんの意見があり、それがいままで自分が持っていた考え方よりはるかに優秀で、合理的かつ進歩的であるということはザラにあります。

そんなとき、「私には私の考え方があるから」と拒否するのと、

「素晴らしい考え方ですね。僕もぜひ、それを取り入れさせてください」

と受け入れるのとでは、その後の自分の成長もさることながら、相手との関係性も

大きく変わります。

振り返ってみると、人間関係のトラブルの大部分は「自分の意見に固執する」もしくは「相手の話を受け入れる柔軟性がない」ときに起きている気がします。

違う考えに出会ったとき、「これまでの考え方に固執していないか？　聞く耳を持てているか？」と考えをめぐらせてみましょう。

ダイバーシティ、つまり多様性の時代、柔軟性を持って人とコミュニケーションができるかどうか、というのは大きな鍵になります。時代の変化に合わせて自分自身を適切なポジションに置ける軽やかさも同時に身につけていきましょう。

田村淳流
コミュ力を高め
好かれるコツ

33

変化できる自分になる

柔軟性は自分の成長にも 人間関係にも効く

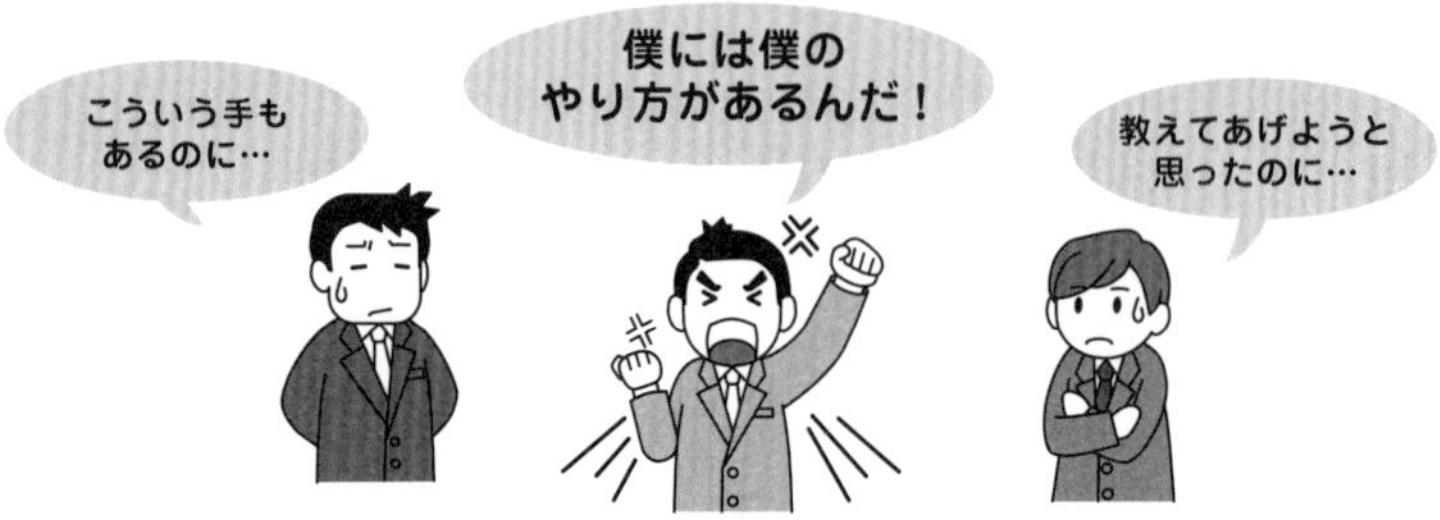

柔軟性がないと成長は止まり
人間関係がうまくいかないことも

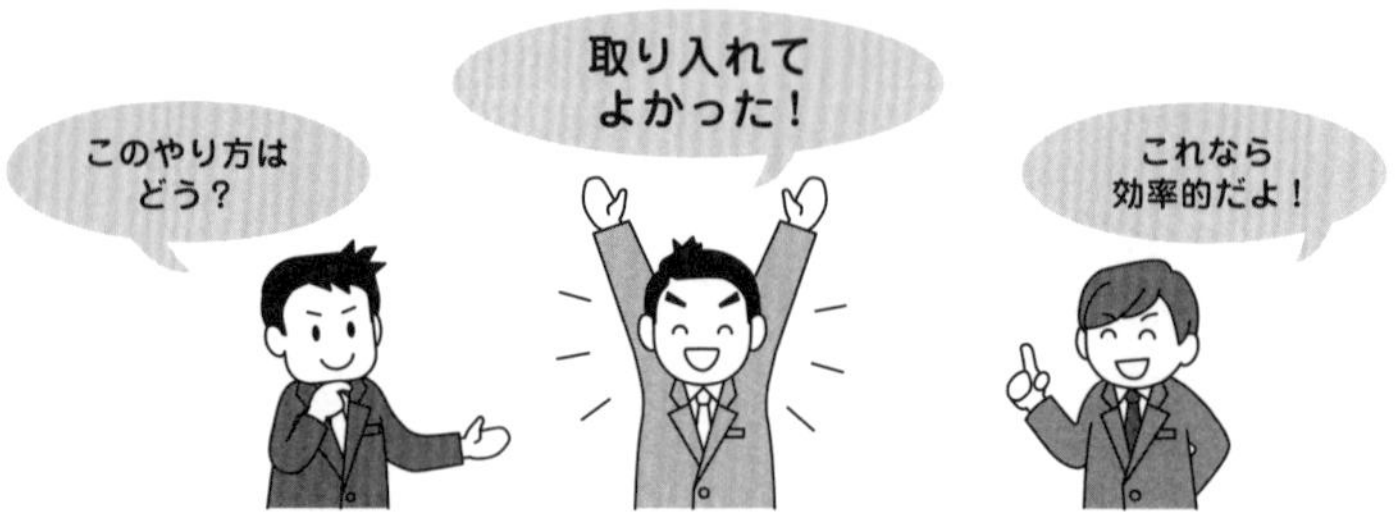

「聞く耳」を持つことで良いものを得られ
周りともうまくいく

34 聞いてくれる人が居場所をつくる

大人の小学校

聞く人がうまくいく。

本当のコミュ力とは「相手に気持ちよく話させる力」である。

このことについてたくさんお話ししてきました。

そしてこの本は僕が運営しているオンラインサロン「田村淳の大人の小学校」の生徒たちが僕に証明してくれたことがベースになって生まれました。

２０２０年、このサロンが開設された当初、参加してくれる多くの人が「人との関係を構築するのが苦手」だと嘆いていました。彼らはみな、自分のことを話そうと必死でした。

ですからまず、僕は生徒たちに『話す』ではなく、『聞く』ということを意識して、Ｚｏｏｍに入ってそれぞれが質問し合う時間をつくることを提案したところ、「すごく楽になりました」という声が続出しました。

「自分が話すとなると緊張しますが、聞く側はある程度用意していけるし、そのときに思ったこと、疑問に感じたことをそのままぶつければいいから、こっちのほうが簡単でした」とみな口を揃えて言うのです。

人は常に肯定的なリアクションを求めている

こうした経緯を経て、「大人の小学校」の中では、「まずは相手の話を聞く」という文化が根づいてきました。

ですからいまは、サロンに初めての人が入っても、

「どこから来たんですか？」

「なんでここに入ったんですか?」

「どんなことをやりたいんですか?」

このように、自然と質問の嵐になります。

人は自分が話したことに、良いリアクションを欲しがる生き物です。

思いきって質問に答え、良いリアクションが返ってくることで、「自分を受け入れてくれた」という安心感と「ここにいていいんだ」というホーム感を感じることができます。

そして、聞いてもらった人は、今度は自分が、新しく入ってきた人の話を聞こうと思うようになります。

「大人の小学校」を通して、日々コミュ力の大切さを感じています。

友達が少ないことを悩む必要はない

「友達100人できるかな♪」

小学校の入学式で必ず歌う「一年生になったら」という曲の歌詞にこんな一節があります。

僕は昔から、この部分に疑問を感じていました。

そして、あれから40年以上経ったいま、「当時の自分の感覚は間違っていなかったな」と確信しました。

なぜなら、これまでの人生を振り返って、たくさんの人との出会いがありましたが、はっきり友達だと自信を持って呼べる人数は１００人に遠く及ばないからです。

僕はそのことを恥じるどころか、「心から出会えてよかった」と思える人たちがいることを幸せに感じています。

ただ、小さい頃のこの歌の印象が強い人は、「友達は多くないといけない」という考え方に支配され、苦手だと思う相手に対しても我慢して接しているように感じます。

「友達が多くないといけない」、そう感じている人たちに強く伝えたいのが、誰とでも仲良くする必要なんてないということです。

そのことを伝えたくて、僕のオンラインサロン「大人の小学校」では、新しく入ってくれたメンバーに、「一年生になったら」の歌詞を「友達100人できるかな?」の部分を、「友達4、5人できるかな?」と変えて歌ってもらっています。

これまで「友達は多くなければならない」という考え方が強かった人ほど、この歌を歌った後に「かなり気が楽になりました」と、笑顔を見せてくれることが多いです。

もしあなたも「友達が少ない」と悩んでいたら、その考えは捨てましょう。

本当に大切な友達が、4、5人もいて、その人と心をしっかりと通わせることができているとしたら、もうこれ以上なく幸せな人生だと僕は思います。

僕があなたにお伝えしたいのは、

「どうでもいい人とたくさんつながるためのコミュ力」

ではなく、

「本当に好きな人としっかりとつながるためのコミュ力」

なのです。

田村淳流
コミュ力を高め
好かれるコツ
34

本当に好きな人と心を通じ合わせる

35

コミュ力があれば、夢を叶えることだってできる

やりたいことや夢を否定されているあなたへ

最後に、僕がコミュ力のすごさを改めて感じさせられた、植松電機社長の植松努さんの「夢を叶える秘訣」のお話について、ご紹介させてください。

植松さんには、小さいころからたくさんの夢がありました。

それを周りの人たちや家族は褒めてくれたし、支えてくれましたが、その一方「そんな夢は叶うわけがない」と言う人も多くいたそうです。

あなたももしかしたら、夢ややりたいことを否定されたことがあるかもしれません。

でも植松さんは、自分の夢を叶えたことがない人、やりたいことをやったことがない人に相談しても、できない理由を教えられるだけで、夢の実現にはつながらないと言います。

夢を叶えるための一番の方法

では、どうすれば夢は叶うのか?

植松さんの答えはズバリ、

・夢を叶えた人を探して仲良くなること

・そんな人に出会うために、夢を周りの人にいっぱい語ること

です。

僕自身のことを振り返ってみると、僕がこれまで多くの夢を叶えてこられたのは、コミュ力を使って、夢を叶えた人と仲良くなったり、夢を叶えるために必要な人のところに近づき、助けてもらってきたからです。

とはいえ、僕も最初からうまくいったわけではありません。否定されたり、無理だよと言われたり、理解されないこともたくさんありました。

でも、コミュ力を磨いて、夢ややりたいことをいろんな人に話していくうちに、味方が現れ、協力してくれる人たちも増えてきました。結果として、いま多くの夢を叶えることができています。

あなたも、最初からうまくいかないかもしれません。でも、めげないでください。本書でコミュ力を高め、夢ややりたいことを発信し続けていけばあなたの協力者は必ず現れます。そのとき、あなたの夢はきっと、叶っています。

田村淳流
コミュ力を高め
好かれるコツ

35

夢ややりたいことを出会った人に発信し続ける

あなたは今から誰と話しますか？

おわりに

「コミュ力」は一生の財産になる

ここまで読んでくださってありがとうございます。最後にこの本を生んでくれた人たちとのエピソードで締めさせていただきたいと思います。

僕はこれまで数え切れないほど多くの人たちと出会ってきました。そして、たくさんの「コミュ力お化け」たちとも出会ってきました。

そんな中、最近出会った最も印象的だった「コミュ力お化け」との出会いを紹介させてください。

それは、この本のプロデューサーであり『人は話し方が9割』でビジネス書年間ランキング3年連続日本一という大記録をつくった永松茂久さんとの出会いでした。いま、僕は彼のことを「シゲ」と呼んでいるので、ここでもそう書かせていただきます。

初めての出会いは、僕のラジオにシゲが出演してくれたことがきっかけでした。その番組は僕が興味のあるいろんな分野の人をゲストに迎えて話を聞くというものなのですが、彼はいつものゲストとまったく違った入り方をしました。「淳さん、ふだん司会をされているとき、何を大切にしているんですか?」とのっけから聞いてくるのです。

気がつけば僕が話していました。その話の中で、「淳さん、いつかぜひコミュニケーションの本を書いてください。僕手伝いますから」と彼から言われたことが現実となり、この本の企画がスタートしました。

それからというもの、お互いふらふらになるまで酒を飲み、いろんなことを本音で話したおかげで、この本『超コミュ力』が生まれました。

この本は僕が書きましたが、裏でシゲが「超コミュ力」を使って僕の話を深く掘ってくれたおかげで生まれたと言っても過言ではありません。コミュ力を持った人間が生み出せる可能性は無限大だなと、いま心から感じます。

シゲ、素敵なきっかけをくれて本当にありがとう。

「この本は簡単なことを書きます」

「はじめに」でそうお伝えしたのには、実はもう1つ理由があります。

それは「このふたりが1日でも早く読んでくれるように」という思いがあるからです。

僕は数年前、大学院に入学し、学びました。そのときのメインテーマが「遺書について」でした。当たり前ですが、僕の命にも限りがあります。そしてその日はいつ来るかわかりません。そのことを僕に身をもって教えてくれたのが、2020年に天国に逝った母でした。

「もしそのお迎えが来たときに後悔しないように、一番大切な人に一番大切なことを残し続けていきたい」そう思って生きています。

僕にとって、この本はその遺書のコミュニケーション編となります。

一番大切な読者、それは僕のふたりの娘です。

まだ幼いですが、いつかこの本を、彼女たちが壁にぶつかったとき、人間関係で迷ったときに読んでほしい、その願いを込めてつくりました。


娘たちへ。

いつもパパを支えてくれてありがとう。

何か困ったことがあったら、パパやママに話してください。パパやママはいつでもふたりの話を聞きます。

そして、いつかふたりが悩んだり、迷ったりしたときに、この本がふたりの役に立ったら、パパもママも嬉しいです。

この本を世に送り出してくれたすばる舎の徳留慶太郎社長、上江洲安成編集長、編集部の吉本竜太郎さん、原口大輔さんをはじめとする営業部のみなさん。企画編集をしてくれた永松茂久出版オフィスの池田美智子さん、山野礁太さん。動画をつくってくれた佐々木啓さん、ライターの佐々木笑さん。

本当にありがとうございます。日本一を走り続ける出版チームのみなさんとの仕事はとても勉強になりました。そして楽しかったです。

またみなさんと一緒に仕事がしたいです。

コミュニティ「田村淳の大人の小学校」のみんなへ。いつもみんながくれる質問が土台になってくれたおかげでこの本が生まれたよ。ここからもコミュ力を高めていきながら、みんなで楽しい未来をつくっていこうね。

温かい応援、本当にありがとう。この歳になっても無邪気にみんなで楽しいことができることが僕の人生の宝です。

最後にこの本を手に取ってくれたあなたへ。

この本を通して出会ってくださって、本当にありがとうございます。

今回、制作チームで「読者さんに何かプレゼントできないかな？」と考えた結果、僕がコミュニティ「田村淳の大人の小学校」で収録した講演の動画を、無料でプレゼントさせていただくことになりました。ぜひ次ページのＱＲコードからご覧いただければと思います。


コミュ力を高めれば出会いが変わる。

コミュ力を高めれば笑顔が集まる。

コミュ力を高めれば毎日が楽しくなる。


あなたにそんな未来が訪れますように。

田村淳

本書をお読みくださったあなたへ

感謝の気持ちを込めた
プレゼントのご案内

田村淳主宰オンラインサロン
『田村淳の大人の小学校』
特別講義動画

https://www.subarusya1.com/atsushi
詳細は右記よりアクセスしてください。

※特典の配信は予告なく終了することがございます。予めご了承ください。
※動画はインターネット上のみでの配信になります。予めご了承ください。
※プレゼント企画に関するお問い合わせは「https://www.subarusya.jp/」までお願いいたします。